Abt Johannes Eckert OSB

Was sucht ihr?

Frag-würdige Einsichten ins Johannesevangelium

HERDER

FREIBURG · BASEL · WIEN

2. Auflage 2021

© Verlag Herder GmbH, Freiburg im Breisgau 2020
Alle Rechte vorbehalten
www.herder.de

Umschlagkonzeption: Verlag Herder
Umschlagmotiv: © BeatWalk / iStock / GettyImages

Als deutsche Bibelübersetzung ist zugrunde gelegt:
*Die Bibel. Die Heilige Schrift
des Alten und Neuen Bundes.
Vollständige deutschsprachige Ausgabe* DIE BIBEL
© Verlag Herder GmbH, Freiburg im Breisgau 2005

Satz: ZeroSoft SRL, Timisoara
Herstellung: GGP Media GmbH, Pößneck
Printed in Germany

ISBN Print 978-3-451-39161-3
ISBN E-Book: 978-3-451-82184-4

Für Helmut Scharler

Inhalt

Gott ist frag-würdig!
Einsichten ins Johannesevangelium.......................... 9
In der Suche nach Leben 13
... nach Gott fragen 18

Kapitel 1
Mein Suchen als Gottesfrage................................ 21
Was sucht ihr?................................... 23
Sehnsüchtig leben 28

Kapitel 2
Meine Grenzen als Gottesfrage 33
Was willst du von mir? 35
Genussvoll leben................................. 43

Kapitel 3
Meine Leiden als Gottesfrage 49
Willst du gesund werden? 51
Beweglich leben 59

Kapitel 4
Mein Mangel als Gottesfrage 65
Wo sollen wir Brot kaufen?........................ 68
Einsatzfreudig leben 74

Kapitel 5
Meine Krisen als Gottesfrage 83
Wollt auch ihr weggehen? 86
Frei leben 92

Kapitel 6
Meine Nöte als Gottesfrage 99
Glaubst du an den Menschensohn? 102
Glaubwürdig leben................................. 109

Kapitel 7
Mein Tod als Gottesfrage 117
Wo habt ihr ihn hingelegt? 119
Bewusst leben 128

Kapitel 8
Meine Schwächen als Gottesfrage 135
Versteht ihr, was ich an euch getan habe? 138
Fantasievoll leben 146

Kapitel 9
Meine Zweifel als Gottesfrage 153
Sagst du das von dir aus? 156
Ehrlich leben 163

Kapitel 10
Meine Leere als Gottesfrage 169
Warum weinst du? 171
Sensibel leben..................................... 178

Kapitel 11
Meine Schuld als Gottesfrage 185
Liebst du mich? 188
Dankbar leben 192

Meine Fragen als Gottesfragen selbstkritisch leben.............. 201

Literatur.. 205

Gott ist frag-würdig!
Einsichten ins Johannesevangelium

„Was sucht ihr?" – Mit dieser Frage beginnt das öffentliche Auftreten Jesu im Johannesevangelium. Die beiden Jünger, an die sich Jesu Frage richtet, antworten ihm direkt mit einer Gegenfrage: „Wo wohnst du?" (Vgl. Joh 1,38) Mich erinnert diese Szene an eine schöne Anekdote: Ein Jude fragte seinen Rabbi: „Rabbi, warum antwortet ein gläubiger Jude auf eine Frage immer mit einer Gegenfrage?" Der Rabbi: „Warum nicht?"

Diese kurze Anekdote zeigt, dass Fragen Sachverhalte gut auf den Punkt bringen und Gegenfragen uns helfen, Fragen, auf die wir nicht gleich eine Antwort finden, nochmals zuzuspitzen. Bis heute ist es in jüdischen Talmudschulen wichtiger Lerninhalt, den Schülern schon früh beizubringen, gute und richtige Fragen zu stellen. Es ist nicht entscheidend, immer gleich die passenden Antworten zu geben. Der Holocaustüberlebende und Friedensnobelpreisträger Elie Wiesel (1928–2016) erzählt von seinem geistlichen Lehrer Mosche, der ihn in seiner Kindheit in die Weisheitslehren der Kabbala einführte, dass dieser ihm stets zu bedenken gab: „Der Mensch erhebt sich zu Gott durch die Fragen, die er an ihn stellt. Das ist die wahre Zwiesprache." Und auf die Frage, warum er bete, antwortete er Elie Wiesel: „Ich bete zu Gott, der in mir ist, dass er mir die Kraft gebe, ihm wahre Fragen zu stellen." Sein Lehrer Mosche habe in ihm die Leidenschaft für das Fragen geweckt, so weiß Wiesel zu berichten. Diese Leidenschaft habe ihn sein Leben lang begleitet.

Fragen sind wichtig für unser Leben. Sie bringen uns in unseren Entwicklungen weiter. Es ist eine hohe Kunst, nicht vorschnell zu antworten oder sich mit einer Antwort zufriedenzugeben. Vielmehr gilt es, zu lernen, Fragen auszuhalten und um Antworten zu ringen. Dazu gehört neben der Gegenfrage auch das Nachfragen und Hinterfragen. Darin zeigt sich die Hartnäckigkeit, mit der wir um eine Antwort ringen, die uns schließlich weiterbringt. Das ist wohl auch der Grund dafür, dass die Wissenschaft und Forschung in allen Lebens- und Fachbereichen wesentlich aus neugierig gestellten Fragen besteht.

Freilich, Fragen können auch nerven. Wenn jemand ständig nachhakt und sich nicht mit den gegebenen Antworten zufriedengibt, strapaziert das schon meine Geduld. Fragen können aber auch den Nerv treffen. Kinderfragen beispielsweise lassen Erwachsene gern mal verstummen. Häufig waren es die Schülerinnen und Schüler im Religionsunterricht, die mit ihren scheinbar einfachen Glaubensfragen den Finger in die Wunde legten und mich in meinem Denken weiterbrachten. Fragen wie: Warum ist Gott gut und meine Oma krank? Warum hat Jesus nicht einfach alle Menschen gesund gemacht, damit es gar keine Krankheiten mehr gibt? Warum gibt es Stechmücken, die uns wehtun, wo doch Gott alles gut gemacht hat? …? Als Kind habe ich gerne die Fernsehsendung „Sesamstraße" angeschaut und ihr Eingangslied klingt mir heute noch in den Ohren: „Wer, wie, was? Wieso, weshalb, warum? Wer nicht fragt bleibt dumm!" Für mich ist dieser Vers eine bleibende Ermunterung, dass wir als Erwachsene das Fragen nicht verlernen dürfen. Gern möchten wir vor anderen gebildet und klug erscheinen und schnell die richtigen Antworten parat haben. Das ist auch nachvollziehbar. Dennoch sollten wir nicht aus dem Blick verlieren, was im eigentlichen Sinn des Wortes „frag-würdig" ist und bleibt. Worauf finde ich nicht so schnell eine passende Antwort? Was lohnt es sich zu hinterfragen?

In der geistlichen Begleitung von Menschen kommt es – ähnlich wie bei therapeutischen Prozessen – auf die Fragen an, die dem Klienten gestellt werden, und auf das, was diese Fragen bei ihm bewirken und auslösen. Daher ist es eine gute Übung, sich von Zeit zu Zeit selbst zu prüfen: Wo bin ich „gefragt" oder „an-gefragt"? Wer oder was stellt mich infrage? Wer darf mir Fragen stellen? Wer darf mich hinterfragen?

Manche Fragen können uns helfen, zu dem zu finden, was wir eigentlich sind oder wollen. Rainer Maria Rilke (1875–1926) antwortete einmal einem jungen Dichter, der ihn mit vielen Fragen bedrängte: „Forschen Sie jetzt nicht nach den Antworten, die Ihnen nicht gegeben werden können, weil Sie sie nicht leben könnten. Und es handelt sich darum, alles zu leben. Leben Sie jetzt die Fragen. Vielleicht leben Sie dann allmählich, ohne es zu merken, eines fernen Tages in die Antworten hinein." Mich berühren diese Zeilen, denn Fragen lassen in unserem Leben etwas offen; sie verweisen auf den Freiraum. Sie lassen Prozesse und Entwicklungen zu. Es gibt brennende Fragen, die uns ein Leben lang beschäftigen können, ja zu unserem Lebensinhalt werden können, sodass sie zum Zündstoff werden. Manche werden auch unbeantwortet bleiben und gehen über das Leben hinaus.

In unserer Regel verlangt der heilige Benedikt, dass wir bei einem Interessenten, der Mönch werden will, nicht prüfen sollen, ob er Gott schon gefunden hat. Wir sollten darauf achten, ob der Kandidat wahrhaft Gott sucht. (Vgl. RB 59,7) Zur Gottsuche gehört wesentlich das Fragen nach ihm. Nur wenn

Gott immer wieder infrage gestellt wird, bleibt er im besten Sinne des Wortes „fragwürdig".

Die Theologie hat stets darauf verwiesen, dass Gott neben dem, was er von sich aus dem Menschen offenbart, immer der völlig Andere ist, der letztlich nicht festgelegt und definiert werden kann. Er ist *totaliter aliter*, immer ganz anders, als wir ihn uns denken können. Der Primat der Gottsuche in der Regel Benedikts verdeutlicht, dass es in der klösterlichen Lebensweise zunächst nicht darauf ankommt, ob jemand Gott als Antwort für sein Leben gefunden hat, sondern ob er die Gottesfrage lebendig hält und aushält. Das ist die Frage, die dem Mönch unter den Nägeln brennt und auf die er sein Leben lang eine Antwort suchen sollte.

Cees Nooteboom verfolgt in seinem Roman *Rituale* einen ähnlichen Gedanken. Er schreibt: „Gott klingt wie eine Antwort, und das ist das Verderbliche an diesem Wort, das so oft als Antwort gebraucht wird. Er hätte einen Namen haben müssen, der wie eine Frage klingt." Die Aussage stimmt mich nachdenklich, muss ich doch in Ansprachen, Vorträgen und Gesprächen oft Antworten von und über Gott geben. Aber *muss* ich das wirklich? Oder ist es eher meine Aufgabe, ja mein Beruf, Fragen zu stellen und diese auszuhalten, bzw. diese mit den Fragenden zusammen zu leben? Ist es vielleicht sogar die Berufung von uns Mönchen, gerade in einer Zeit, die alles erklären und verstehen will, manche Fragen zu leben? Wenn dem so ist, gilt das nicht auch gerade für die Gottesfrage? Und so frage ich mich: Was sind die wesentlichen Fragen unseres Lebens, die nicht einfach zu beantworten sind, die wir aushalten müssen? Können wir in ihnen Facetten Gottes entdecken, die uns auf sein unergründliches Geheimnis verweisen?

In der Suche nach Leben ...

In der Bibel sind die ersten Worte, die Gott an den Menschen richtet, eine Frage: „Adam ... Wo bist du?" (Gen 3,9) Diese zunächst lapidar klingende Frage sagt viel über das Wesen Gottes nach biblischem Verständnis aus: Nachdem Adam und Eva die Weisung des Schöpfers übertreten und vom Baum der Erkenntnis gegessen haben, verstecken sie sich im Garten, weil sie sich schämen. Doch Gott sucht sein Geschöpf: Adam, Mensch, wo bist du? Bei dieser Frage geht es weniger um ein Versteckspiel, bei dem der Suchende nicht weiß, wo er den anderen findet, und darauf wartet, dass dieser ein Lebenszeichen von sich gibt. Das würde die Allwissenheit Gottes doch sehr infrage stellen. Die Frage zielt vielmehr auf etwas anderes ab: Indem Gott ruft, Mensch, wo bist du?, will er dem Menschen zu einer Standortklärung verhelfen. Martin Buber (1878–1965) schreibt: „Wenn Gott so fragt, will er vom Menschen nicht etwas erfahren, was er noch nicht weiß; er will im Menschen etwas bewirken, was eben nur durch eine solche Frage bewirkt wird."

Gott braucht die Frage nicht, da er die Antwort schon kennt. Die Frage, Mensch, wo bist du?, ist auch keine rhetorische Frage, die mit erhobenem Zeigefinger eine moralische Zurechtweisung wäre im Sinne von: Wie konntest du gegen meine Weisung handeln? Was hast du mir und damit dir angetan? Die Frage ist vielmehr ernst gemeint und soll dem Menschen helfen, seinen Standort neu zu bestimmen: Mensch, wie stehst du dazu, dass du meine Weisung überschritten hast? Wie stehst du zu mir, wie stehst du zu dir, wie stehst du zu den anderen Geschöpfen? Welche Position nimmst du nun ein? Damit wird ein Prozess der Klärung eingeleitet. Die Frage holt den Menschen dort ab, wo er sich versteckt, d.h. dort, wo er sich seiner Verantwortung für sein Handeln entziehen will. Die Frage Gottes ist zugleich Aufforderung an den Menschen, zu dem zu stehen, was ist, und sich durch diese Erkenntnis neu zu verorten und zu positionieren. Zugleich ist sie Vergewisserung, dass der Mensch trotz seiner Verfehlungen für Gott „frag-würdig" ist, dass jeder Mensch angefragt ist mit seinem Leben.

Wir sind Gott nicht gleichgültig, so könnten wir als Resümee feststellen. Trotz unserer Fehltritte schreibt er uns nicht ab. Vielmehr will er uns ein Leben lang helfen, unseren Platz zu finden, indem wir uns ins Wort bringen und uns verantworten. Das will er durch sein Fragen nach dem Menschen bewirken. Mensch, wo bist du?, ist eine Lebensfrage. Etwas zugespitzter könnten wir sagen, dass Gott die Frage nach dem Menschen ist, nach mir konkret: Johannes, wo bist du? Wie stehst du zu mir und zu dir? Welche Position nimmst du ein? Wo finde ich dich in der Welt? Diese Fragen gilt es, zu leben, sie zu vertiefen und um ehrliche und zündende Antworten zu ringen.

Die Gottsuche beginnt mit der Frage nach dem konkreten Menschen, nach mir. Anscheinend bin ich, Johannes Claudius Eckert, für Gott „frag-würdig". Wenn ich unter diesem Vorzeichen die Frage, Mensch, wo bist du?, zu leben beginne und um ein Wort und eine Antwort ehrlich ringe, wenn diese Frage mir unter den Nägeln brennt, dann beginne ich, mich zu „ver-ant-worten"; dann kann ich Schritt für Schritt mein Versteck verlassen, zu mir und zu meinem Leben finden, dazu stehen und dafür Verantwortung übernehmen.

So kann der Mensch in einen Dialog mit Gott und seiner Welt eintreten, wie es die biblischen Texte überliefern, und im Suchen und Fragen um die eigene Position ringen. Letztlich ist es, theologisch gesprochen, die Frage der Berufung:

Was ist der Sinn meines Lebens? Wo will und soll ich mich in der Welt verorten? Freilich wird dies nicht eine einmalige Standortklärung sein, die einmal vollzogen für immer gültig ist. Das Ringen um die Frage, Mensch, wo bist du?, beschreibt vielmehr einen andauernden Prozess. Es ist eine Ermutigung, die Frage zu leben, ohne vorschnell eine Antwort darauf zu geben, ja vielleicht auch eine Antwort schuldig zu bleiben. Indem wir uns dem Geheimnis unseres Lebens stellen und die Frage nach dessen tieferen Sinn leben, berühren wir das Geheimnis Gottes, so könnten wir die theologische Quintessenz, die sich aus dieser ersten biblischen Frage, Mensch, wo bist du?, ableitet, festhalten.

Es ist interessant, dass diese ersten Worte, die in der Bibel Gott an den Menschen richtet, in einer gewissen Analogie zum Anfang des öffentlichen Auftretens Jesu im Johannesevangelium stehen. Im Unterschied zu den anderen drei Evangelien, in denen Jesus zu Beginn mit programmatischen Worten wie „Kehrt um und glaubt an das Evangelium!" (Mk 1,15) seine Mission ankündigt, sind im Vierten Evangelium die ersten Worte Jesu eine Frage: „Was sucht ihr?" (Joh 1,38) Dass Jesus gerade im Johannesevangelium zu Beginn seines Wirkens eine Frage stellt, ist auffällig, zumal er besonders im Vierten Evangelium durch ausführliche Reden über seine göttliche Sendung klare Auskünfte gibt.

Was sucht ihr? – auch diese Frage hilft zur Standortklärung, ja sie wird zum Pendant der Frage, Wo bist du? Das wird deutlich, wenn wir kurz den Zusammenhang betrachten, in der sie gestellt wird. Im ersten Kapitel werden wir uns ihr dann ausführlicher widmen. Jesus stellt die Frage, Was sucht ihr?, zwei Männern, die von Johannes dem Täufer an ihn verwiesen werden. Wenn sie Jesus nun die Gegenfrage, Rabbi, wo ist deine Bleibe?, stellen, dann greifen sie damit den Gedanken der Verortung auf. Offensichtlich sind sie Menschen, die wie Adam „ort-" und „heimat-los" sind. Sie suchen eine Bleibe, weil sie weder wissen, wohin sie gehören, noch erkennen, wer sie sind und was sie wollen. Letztlich wollen sie durch Jesus zu sich und zu ihrer Berufung finden. Und Jesus lädt sie ein: „Kommt und seht!" (Joh 1,39) Diese Einladung ergeht an jeden Leser des Johannesevangeliums. Wir sind eingeladen, im Bleiben bei diesem Lehrer aus Nazaret unsere Fragen zu leben, ja uns auf die entscheidenden Lebensfragen überhaupt einzulassen. Wer bin ich und worin gründet mein Leben? So verstanden wäre Gott die Frage, die mich zu mir selbst führt. Oder wir könnten noch etwas zugespitzter formulieren: Indem wir die Gottesfrage überhaupt stellen, sie leben und aushalten, können wir immer tiefer zu uns selbst finden.

Die Frage, Wen sucht ihr?, durchzieht das ganze Johannesevangelium. Auf beeindruckende Weise korrespondiert die Berufungsszene zu Beginn des Evangeliums mit dem Anfang der Leidensgeschichte und der Erscheinung des Auferstandenen am Ostermorgen. Als Judas Jesus bei der Gefangennahme den römischen Soldaten und den Knechten der Hohenpriester übergibt, stellt Jesus diesen zweimal die Frage: „Wen sucht ihr?" (Joh 18,5.7) Überwältigt von seinem selbstbewussten Auftreten gehen die Bewaffneten zu Boden und antworten: „Jesus von Nazaret." Mit majestätischem Pathos entgegnet dieser: „Ich bin es!" Erschüttert fallen die Soldaten vor Jesus nieder, weil sie intuitiv erkennen, dass in ihm Gott wirkt. In der Szene am Ostermorgen, als Maria von Magdala am leeren Grab Jesu toten Leichnam sucht, wird auch ihr zweimal die Frage gestellt: „Wen suchst du?" (Vgl. Joh 20,11–18) Indem sie sich vom Grab abwendet, wird sie wie die Soldaten mit der göttlichen Realität konfrontiert. Sie begegnet dem Auferstandenen, der sie beim vertrauten Namen ruft, sodass ihr die Augen und das Herz aufgehen, wie wir später noch sehen werden. Was sucht ihr? Wen sucht ihr? Wen suchst du? – Diese drei Fragen beschreiben einen Prozess vom „Ihr zum Du", vom „Was zum Wem". Am Ende geht es um „Ich und Du", um eine persönliche Beziehung.

Im sogenannten Nachtrag des Johannesevangeliums wird dieser Prozess noch einmal gebündelt. Der Auferstandene erscheint erneut einigen Jüngern am See von Tiberias. (Vgl. Joh 21) Auch diese Szene werden wir im Schlusskapitel noch eingehender betrachten. In dieser Erzählung kommt es zu einer anrührenden Begegnung mit Simon Petrus. Dieser hatte während der Verurteilung Jesu aus Angst dreimal verleugnet, zu Jesus zu gehören bzw. diesen zu kennen. (Vgl. Joh 19,12–27) Nun wird ihm dreimal vom Auferstandenen die Frage gestellt: *Liebst du mich?* Wie am Anfang der Bibel Gott Adam sucht, der sich verfehlt hat, so sucht nun Jesus Petrus sensibel dort auf, wo er sich versteckt hat, sodass er sich neu verorten kann im Bekenntnis: „Herr, du weißt alles; du weißt, dass ich dich lieb habe." (Joh 21,17) Damit wird ein weiter Bogen gespannt zum Anfang des Evangeliums: Von der Suche zur Liebe! Die Frage, Was sucht ihr?, findet in der persönlich an jeden Leser gerichteten Frage, Liebst du mich?, ihr Ziel.

Dieser weite Bogen, der von der Gottsuche zur Gottesliebe, von „Was sucht ihr?" zu „Liebst du mich?" reicht, hat mich motiviert, intensiver ausgewählten Fragen im Johannesevangelium nachzugehen, die Jesus an unterschiedliche Personen richtet. Letztlich sind es Lebensfragen, bei denen es um den Leser, also um uns ganz persönlich und um unsere Standortklärung geht. In allen diesen Fragen schwingt die erste Frage der Bibel mit: Mensch, wo bist du? Die intensive Beschäftigung mit diesen Fragen ist eine ehrliche Auseinandersetzung mit dem eigenen Leben. Sie sind Aufforderung, das eigene Leben zu hinterfragen und es so zu intensivieren, sodass es „frag-würdig" wird. Mithilfe der Fragen können wir dem Leben auf die Spur kommen und uns damit dem Geheimnis Gottes annähern, der im Verständnis des Johannesevangeliums der Ursprung, die Fülle und die Vollendung des Lebens ist. Dabei gilt es, manche Frage auszuhalten, ohne gleich eine Antwort parat zu haben. Gott wird somit infrage gestellt, wie wir doppeldeutig sagen könnten, und ist im besten Sinn des Wortes fragwürdig.

... nach Gott fragen

Das Vierte Evangelium ist ein Glaubensbuch für Suchende und will seinen Lesern zeigen, dass Jesus ganz und gar in Gott, seinem Vater, verwurzelt ist, sein Sohn ist. Dieser göttliche Anspruch wird durch sieben spektakuläre Zeichen unterstrichen, die alle auf Jesu göttliche Herkunft und Zukunft verweisen. In langen Dialogen, die zum Teil in Monologe münden, und in ausführlichen Streitgesprächen, die kunstvoll mit Missverständnissen gespickt werden, thematisiert sich Jesus im Vierten Evangelium ständig selbst. Vom Reich Gottes, das in den anderen Evangelien zentrales Verkündigungsthema ist, ist hier kaum die Rede. Im Unterschied dazu trifft Jesus in sieben „Ich-bin-Worten" eindeutige Selbstaussagen, wer er ist. Auch sie sind Eigengut des Vierten Evangeliums. So soll für den Leser kein Zweifel aufkommen, dass Jesus als Sohn Gottes aus göttlicher Vollmacht heraus handelt. Selbstverständlich provoziert dieser souveräne Anspruch Gegenfragen bis hin zu der Frage, die sich der Leser selbst stellen muss: Und wer ist er konkret für mich? Seine selbstbewusste Überzeugung, Gottes Sohn zu sein, wird ihm im Verlauf des Evangeliums zum Vorwurf gemacht und führt schließlich zum Tod am Kreuz. Aber auch die Passion ist im Johannesevangelium keine Leidensgeschichte, wie sie die Synoptiker überliefern, in deren Darstellungen der Mensch Jesus von Nazaret hilflos den Mächten seiner Zeit ausgeliefert ist und jämmerlich als Verbrecher am Kreuz stirbt. Im Johannesevangelium bestimmt Jesus bis zum Ende den Lauf der Dinge. So wird deutlich, dass das Vierte Evangelium zunächst keine Fragen aufwerfen will, sondern ein eindeutiges Bekenntnis ablegt: In Jesus von Nazaret ist Gottes Sohn Mensch geworden. Er ist der Weg, auf dem die Menschen in einer Lebensgemeinschaft mit ihm zu Gott zurückkehren können. Ziel des Johannesevangeliums ist es, dass der Leser zum Glauben an Jesus und dadurch zum wirklichen Leben findet. Dabei ist es interessant, dass das Wort „Glaube" nie als Substantiv, sondern stets als Verb verwendet wird. Es geht um „glauben" als einen lebendigen und dynamischen Prozess, als ein „Sein" und „Tun". Dadurch wird auch auf Satzebene verankert, was das Evangelium inhaltlich vermitteln möchte, nämlich dass der Leser bei Jesus bleibt, ihm glaubt und vertraut, mit ihm lebt und dadurch wirklich zu leben beginnt. Das ist gemeint, wenn es am Ende wortwörtlich als Zielvorgabe des Evangeliums heißt: „Damit ihr als Glaubende Leben habt in seinem Namen." (Joh 20,31) So wird nochmals unterstrichen, dass „glauben" wie „leben" nie ein abgeschlossener Prozess ist, sondern „frag-würdig" bleibt, ja sogar bleiben muss, und stets nach neuer Erfüllung sucht. Damit aber können wir zur ersten Frage des Evangeliums zurückkehren, die entscheidend ist für alle folgenden: Was sucht ihr? Von ihr ausgehend wollen wir einige ausgewählte Fragen betrachten, die uns Jesus im Johannesevangelium stellt. Sie ermutigen dazu, unser Glaubensleben zu hinterfragen. Es gilt, sie als Suchende zu leben. Wir brauchen auch keine vorschnellen Antworten zu geben und dürfen, ja müssen manche schuldig bleiben, da Gott immer ein unbegreifliches Geheimnis ist und bleiben wird. Umso beglückender kann es aber sein, wenn wir im Bleiben bei seinem Sohn, und gerade durch das Leben seiner Fragen erfahren, wie wir allmählich in die Antworten hineinleben und so neu zu Glaubenden werden.

Kapitel 1
Mein Suchen als Gottesfrage

Das Internet hat vieles in unserem Leben verändert. Fast für alle Lebensbereiche hält es Tipps und Informationen parat. Wir können problemlos online Artikel bestellen, sodass das Blättern in Katalogen überflüssig wird. Auch den Weg ins Geschäft und das mühsame Suchen nach dem Passenden können wir uns sparen, wenn wir konkrete Vorstellungen davon haben, was wir uns zulegen möchten. Ein kurzer Suchbegriff und schon wird uns auf dem Computerbildschirm eine Fülle von Angeboten präsentiert, die wir im Onlinehandel bestellen können. Das ist gerade in Zeiten wie der Coronavirus-Pandemie äußerst hilfreich und entlastend. Erleichterungen durch das Internet gibt es auch in anderen Lebensbereichen. Wie aufwendig war noch in meinen Studienjahren die Vorbereitung eines Referats. Am Anfang stand die Schlagwortrecherche in den gängigen Lexika. Dann folgte die mühsame Suche nach Artikeln und Fachliteratur in den Bibliothekskatalogen. Schließlich das Warten, bis die ersehnten Bücher eintrafen, und wenn sie dann endlich auf dem eigenen Schreibtisch lagen, wusste man immer noch nicht, ob sie für die Thematik überhaupt brauchbar waren. In vielen kleinen, oft mühsamen Schritten mussten die Kenntnisse zusammengetragen werden. Heute dagegen genügt eine kurze Eingabe in einer Suchmaschine oder in digitalen Bibliothekskatalogen und in Kürze erhalten wir eine Fülle von Hinweisen und Buchtiteln.

Auch hier braucht es das kritische Sichten, aber der Suchvorgang an sich wurde doch entscheidend vereinfacht.

Die Suchmaschinen sagen inzwischen eine Menge über uns aus. Am Abend eines Tages kontrolliere ich manchmal, welche Internetseiten ich besucht habe. Allein das kann schon sehr aufschlussreich sein für das, was mich an einem Tag beschäftigt hat. Häufig begleitet mich der gleiche Suchbegriff eine Zeit lang. Das kann auch schon mal lästig werden. Vor einiger Zeit wollte ich mir schwarze Hemden zulegen. Also gab ich „schwarze Hemden" als Suchbegriff ein, um mich zu erkundigen, was alles auf dem Markt ist. Über Wochen wurden mir dann in der Internetwerbung mehr oder weniger günstige Hemden von unterschiedlichen Anbietern zum Kauf angeboten. Das ist ein harmloses Beispiel. Anders war es, als ich für eine Hochzeitspredigt das Thema „Partneragenturen" recherchierte, da sich das Brautpaar über eine solche kennengelernt hatte. Seitdem bekomme ich immer wieder Tipps und Angebote, schnell eine passende Partnerin für mich zu finden. „Sag mir, was du suchst, und ich sage dir, wer du bist!", meinte einmal scherzhaft ein Freund zu mir. Unsere Suchbegriffe sagen etwas über uns aus und die beiden Beispiele zeigen mir noch einmal, wie vorsichtig wir damit umgehen sollten. Wir wissen nicht, wer letztlich diese Informationen bekommt und wie sie weiterverarbeitet und interpretieren werden. Manch intime Wünsche und Träume an falscher Stelle geäußert, können etwas von uns preisgeben, das nicht für alle gedacht ist. So gesehen hat es die erste Frage, die Jesus im Johannesevangelium stellt, in sich: „Was sucht ihr?"

Was sucht ihr?

Am folgenden Tag stand Johannes wieder da mit zwei von seinen Jüngern, richtete seinen Blick auf den vorübergehenden Jesus und sagte: Seht, das Lamm Gottes! Die beiden Jünger hörten, was er sagte, und folgten Jesus. Jesus wandte sich um, und als er sie nachkommen sah, fragte er sie: Was sucht ihr? Sie aber sagten zu ihm: Rabbi – das heißt übersetzt: Meister –, wo wohnst du? Er antwortete ihnen: Kommt und seht! Sie gingen also mit und sahen, wo er wohnte, und blieben jenen Tag bei ihm; es war ungefähr die zehnte Stunde.

Joh 1,35–39

Im Johannesevangelium geschieht die Berufung der ersten beiden Jünger durch Vermittlung von Johannes dem Täufer. Er ist es, der sie auf Jesus aufmerksam macht. Die Männer folgen Jesus aus eigenem Antrieb heraus. Auch die anderen drei Evangelien, Markus, Matthäus und Lukas, berichten von einer Berufungsgeschichte. Diese trägt sich aber vollkommen anders zu: Am See Genezareth arbeiten vier junge Fischer in ihren Booten. Als Jesus am Ufer vorbeikommt, ruft er ihnen zu: „Folgt mir nach!" Ohne Rückfragen und ohne ein Wort zu sagen, verlassen die beiden Brüderpaare ihre Boote, lassen alles hinter sich und gehen mit dem Fremden mit. (Vgl. Mk 1,16–20; Mt 4,18–22; Lk 5,1–11) Im Vierten Evangelium hingegen sind die beiden Jünger selbst aktiv. Wahrscheinlich sind sie schon länger auf der Suche nach einem Lehrer, weil sie vielleicht bei den angestammten religiösen Autoritäten ihrer Zeit auf ihre Fragen keine Antworten mehr finden können. Ob sie ihre Unzufriedenheit zu Johannes dem Täufer geführt hat, wissen wir nicht. Dieser galt zu seiner Zeit als eigenartiger Aussteiger. In seinem Selbstanspruch, ein Wegbereiter für den erwarteten Messias zu sein, wird er vom religiösen Establishment kritisch beäugt. (Vgl. Joh 1,19–28) Für die beiden jungen Männer jedoch scheint er ein glaubwürdiger Ansprechpartner zu sein. Beide Male, wenn Johannes der Täufer Jesus sieht, spricht er vom Lamm Gottes, das die Sünde der Welt hinwegnimmt. (Vgl. Joh 1,29;36) Damit legt er ein Bekenntnis ab. Den theologischen Begriff „Sünde", der eine schwierige Geschichte hat, kann man neutraler formuliert als „Gottferne" verstehen. Wenn nun Jesus die Gottferne wegträgt, kann man in ihm unmittelbar Gott begegnen. Das bedeutet, wer Jesus begegnet, der begegnet Gott, wer mit Jesus mitgeht, der geht mit Gott durchs Leben. Davon ist Johannes der Täufer offensichtlich überzeugt und so verweist er seine neuen Gefolgsleute an Jesus.

Nur von einem der Männer wird der Name überliefert. Er heißt Andreas. Er wird im Anschluss auch seinen Bruder Simon zu Jesus führen. Der andere hingegen bleibt namenlos. Unter Bibelwissenschaftlern wurde viel gerätselt, ob dieser zweite Mann eventuell der Jünger sein könnte, von dem es später im Johannesevangelium heißt, dass Jesus ihn liebte. Aus diesem Grund wird dieser Jünger auch häufig als „Lieblingsjünger" bezeichnet. Er taucht im zweiten Teil des Johannesevangeliums in wichtigen Momenten auf: Er ist bei der Fußwaschung dabei (vgl. Joh 13,23), ruht beim Abendmahl an Jesu Brust (vgl. Joh 13,23), hält ihm bei der Passion bis unter das Kreuz die Treue (vgl. Joh 19,26) und findet am Ostermorgen als Erster zum Glauben an die Auferstehung (vgl. Joh 20,2). Es ist nicht bekannt, ob dieser namenlose Lieblingsjünger mit dem namenlosen Gefährten des Andreas identisch ist. In der Tradition wurde er später mit dem Evangelisten Johannes gleichgesetzt.

Eine andere Interpretation besagt, dass der namenlose Jünger zu Beginn stellvertretend für jeden Leser des Evangeliums steht. Dieser sei als Platzhalter zu verstehen, an dessen Stelle wir als Leser unseren eigenen Namen einsetzen können. So werden wir in das Geschehen mit hineingenommen und sind zusammen mit Andreas direkt von Jesus angesprochen. Wie er, so sind auch wir von Jesus angefragt: *Wen sucht ihr?* Letzten Endes muss es offen bleiben, wer der Jünger konkret ist, von dem kein Name überliefert wird. Eines aber ist sicher: In den beiden Männern begegnen uns Menschen, die die Suche nach dem Sinn ihres Lebens mit uns teilen. Eine innere Unruhe, ja vielleicht auch eine gewisse Unzufriedenheit motiviert sie, sich Jesus anzuschließen und ihm nachzufolgen. Sie begegnen ihm im Vertrauen, bei ihm eine Antwort zu finden. Jesus nimmt die beiden wahr und wendet sich ihnen explizit zu. Er sieht sie an und zeigt echtes Interesse an ihnen, wenn er ihnen die zunächst etwas lapidar klingende Frage stellt: *Tí zeteite?* Das griechische Fragewort *tí* lässt interessanterweise zwei Deutungsmöglichkeiten zu. Zum einen könnte Jesus die Jünger fragen: *Wen* sucht ihr? In diesem Fall wäre es vorstellbar, dass er die beiden auf sich zukommen sieht und ihnen mit einer schnellen Auskunft weiterhelfen möchte. Zum anderen – und dafür entscheiden sich die meisten Bibelübersetzungen – kann es aber auch heißen: *Was* sucht ihr? Spannend finde ich an dieser Stelle, dass die Jünger ja wahrscheinlich beides suchen. Sie suchen einen spirituellen Lehrer und sie sind auf der Suche nach etwas, das ihrem Leben tieferen Sinn verleiht. Außerdem wäre es auch möglich, das griechische Wort *zetein* – „suchen" – mit „wollen" zu übersetzen. Das könnte jedoch missverständlich sein, denn in der Frage geht es wohl nicht um eine kurzzeitige Bedürfnisbefriedigung, so wie wenn wir z. B. in einem Geschäft gefragt werden: „Was möchten Sie?" Es geht vielmehr um ein echtes „Wollen", um die Frage: Was willst du mit deinem Leben machen? Um diese Frage beantworten zu können, benötigen wir genaue Vorstellungen. Das alles setzt einen intensiven Suchprozess voraus. Jesus stellt den Jüngern, und damit uns, keine simple Frage. Gleich zu Beginn will er wissen: Was willst du aus deinem Leben machen? Was hat dich zu mir geführt?

Was sucht ihr? – Diese ersten Worte Jesu im Johannesevangelium sind somit Signalworte und Programm zugleich, wie wir schon in der Einleitung feststellen konnten. Mit dieser Frage stellt sich Jesus nicht selbst in den Mittelpunkt, sondern die Suchenden. Sie werden von Jesus radikal ernst genommen. Umso erstaunlicher ist es, dass die so Angefragten keine Antworten geben, sondern gut rabbinisch mit einer Gegenfrage aufwarten: „Rabbi – wo wohnst du?" Allein schon die Anrede „Rabbi" – „Lehrer", „Meister" – verdeutlicht, mit welch hohem Respekt und mit welch großer Wertschätzung sie Jesus begegnen. Anscheinend spüren sie, dass eine große Autorität von ihm ausgeht. In vielen Übersetzungen, wie auch in der oben zitierten, wird das griechische Wort *menein* mit „wohnen" übersetzt. Diese Übertragung kann zu Missverständnissen führen, denn die beiden Jünger fragen Jesus wahrscheinlich nicht nach der Adresse seines Wohnortes, weil sie neugierig sein Haus besichtigen wollen. Eigentlich müsste es heißen: „Rabbi – wo ist deine Bleibe?"

Hierzu muss man wissen, dass im Johannesevangelium das Verb *menein* – „bleiben" – von zentraler Bedeutung ist. Es kommt an Stellen vor, die immer wieder Hinweise auf Jesu Bleibe geben, so beispielsweise in der sogenannten Brotrede (vgl. Joh 6,56), in den Abschiedsreden, die ausschließlich im Vierten Evangelium zu finden sind und die Jesus zwischen der Fußwaschung und der Leidensgeschichte an seine Jünger richtet. Dazu gehören die Rede über den Weg zum Vater (Joh 14,10.17.25), das Gleichnis vom Weinstock und den

Reben (Joh 15,4–10) und schließlich auch die Erzählung von der Begegnung des Auferstandenen mit Petrus (Joh 21,22f). Jesus fordert seine Jünger auf, auch nach seinem Tod und seiner Auferstehung in seiner Liebe zu bleiben. (Vgl. Joh 15,9) Die Wichtigkeit dieser lebendigen Verbindung unterstreicht Jesus mit einem anschaulichen Vergleich aus der Natur: „Bleibt in mir, dann bleibe ich in euch. Wie die Rebe aus sich keine Frucht bringen kann, sondern nur, wenn sie am Weinstock bleibt, so könnt auch ihr es nicht, wenn ihr nicht in mir bleibt. Ich bin der Weinstock, ihr die Reben. Wer in mir bleibt und in wem ich, der bringt viel Frucht. Denn ohne mich könnt ihr nichts tun." (Joh 15,4f) Bleiben meint also eine tief empfundene Intimität und personale Verbundenheit voller Lebendigkeit, wie es das Bild des Weinstocks und der Reben anschaulich unterstreicht.

„Wo ist deine Bleibe?", ist damit mehr als eine Frage nach dem Wohnort. Die beiden Jünger wollen erfahren, wo Jesus verwurzelt ist, woher er seine Lebenskraft bekommt, aus welcher Intimität sein Leben tieferen Sinn empfängt. Sie wollen herausfinden, wo dieser faszinierende Rabbi wirklich beheimatet ist, wo sein Lebensquell sprudelt. Das ist der Grund ihres Suchens, warum sie sich in seine Nachfolge begeben. In der Begegnung mit ihm und im Vertiefen dieser Beziehung erhoffen sie sich auch für sich eine Bleibe, in der auch sie Wurzeln schlagen und ihren eigenen Lebenssinn finden können. All das schwingt mit, wenn die beiden Männer Jesus nach seiner Bleibe fragen und dieser sie offenherzig einlädt: „Kommt und seht!" Die Jünger können sich selbst ein Bild von ihm und seiner Bleibe machen, indem sie mit ihm das Leben teilen. Damit wird deutlich, dass dieser Rabbi nicht nur eine Lehre vermitteln will; es geht ihm um eine Lebensgemeinschaft, in der jeder seine Erfahrungen machen darf.

Wenn ich diese Stelle laut lese, höre ich die Einladung, die Jesus an mich ausspricht: Schau es dir selbst an. Bilde dir dein eigenes Urteil, ob das Bleiben bei mir, ob meine Bleibe für dich *Sinn* macht und auch deinem Leben einen tieferen Sinn verleiht und Zufriedenheit schenkt. Fang an, die Frage – *Was sucht ihr?* – mit mir zu leben!

Es ist bemerkenswert, dass diese Bleibe im Johannesevangelium nicht als konkreter Ort beschrieben wird. Sehr wohl wird hingegen darauf verwiesen, dass die Jünger von dieser Stunde an bei ihm blieben. Dabei springt die konkrete Zeitangabe ins Auge: Es ist die zehnte Stunde, also 16 Uhr nachmittags. Ob es sich hierbei nun um eine historische Angabe handelt, oder ob die zehnte Stunde die Stunde der göttlichen Vollendung darstellt, in der Gott die Sehnsucht des Menschen erfüllt, wie manche Exegeten annehmen, entzieht sich unserer Kenntnis. Jedenfalls erfüllt sich für die beiden Jünger an diesem Tag um 16 Uhr etwas, wonach sie bisher gesucht haben. Das zeigt sich spätestens dann, wenn Andreas seinem Bruder Simon bekennt: „Wir haben den Messias gefunden!" und sogleich die beiden einander vorstellt. (Vgl. Joh 1,41f) Im Bleiben bei Jesus beginnen die Jünger ihre Frage nach dem, was sie suchen zu leben, ja sie leben in eine Antwort hinein, die ihr weiteres Leben bestimmen wird.

Sehnsüchtig leben

Was sucht ihr? – Vor einiger Zeit hatte ich genau diese Frage einer Gruppe von Gästen unseres Klosters gestellt und diese gebeten, ihre Antworten in Form von Schlagwörtern auf einen Zettel zu schreiben. Das Experiment fand anonym statt.

Auf den Zetteln standen Dinge wie: Ansehen, Anerkennung, Spaß, Erfolg, Wohlstand, Sicherheit, Ruhe, Macht, Freundschaft, einen Partner, Sex, Vitalität, Glück, Gesundheit, Erfüllung, Versorgung (keine Geldsorgen), ein Lebensprogramm, tieferen Sinn, meinen Platz, kein Stress, meine Ruhe, Erholung, Frieden, Freiheit, Urlaub, meine Erfüllung, meine Berufung, mich, Gott ...

Diese Vielfalt veranschaulicht, dass uns die Frage *Was sucht ihr?* mit unseren Wünschen, Plänen und Zielen konfrontiert, aber auch mit unseren Schwächen, Enttäuschungen und Misserfolgen. Sie führt uns unsere Träume und Sehnsüchte vor Augen und ebenso unsere Gewohnheiten und Abhängigkeiten. Sie spiegelt uns all das, was uns glücklich macht und erfüllt, aber auch das, was uns fehlt und abgeht, was uns unruhig und unzufrieden macht. Wer die Frage *Was sucht ihr?* zulässt und sich mit ihr intensiver auseinandersetzt, erkennt schnell, dass diese einen vor Fragen nach dem eigenen Leben stellt: Was ist Sinn und Inhalt meines Lebens? Bin ich damit (noch) zufrieden? Wo ist meine Bleibe? Wo würde ich sie mir wünschen? Welche Rolle spielt bei all dem für mich Gott?

Als ich der Gruppe die Aufgabe stellte, fragte einer der Teilnehmer gleich zurück: „Wer ist denn *ihr*?" Und kurz darauf hakte er nach: „Und Sie, Abt Johannes, mit wem sind Sie auf der Suche?" Es war gar nicht so einfach, eine Antwort zu finden: „Mit wem suche ich und nach was suchen wir gemeinsam?" Vieles schoss mir durch den Kopf: Mit meinen Mitbrüdern suche ich Wege und Möglichkeiten, den vielen Aufgaben nachzukommen, die an unsere Gemeinschaft gestellt werden ... Mit Freunden suche ich Erholung und den gedanklichen Austausch ... Aber was treibt mich eigentlich um? ... Was suche ich als Seelsorger mit den Menschen, die mir begegnen? ... Was suche ich in und für unsere Gesellschaft? ... Und wer sind eigentlich die Gesinnungsgenossen, mit denen ich eine Suchgemeinschaft bilde?

All die vielen Fragen verunsichern mich, sie machen mich unruhig und verdeutlichen mir, wie wenige sichere Antworten ich eigentlich habe. Und trotzdem ist mir sehr bewusst, wie wichtig es ist, keine in Stein gemeißelten Antworten zu haben, denn: Wer nicht mehr sucht, bricht nicht mehr auf. Wer auf der Suche bleibt, ist noch nicht fertig; zuweilen ist er unzufrieden und traurig, vielleicht auch ungeduldig und genervt, weil er noch immer nicht fündig geworden ist, aber er ist noch unterwegs und neugierig und bleibt offen für Neues.

All das erinnert mich an die eingangs erwähnte Gottsuche, die der heilige Benedikt bei der Prüfung von Eintrittskandidaten einfordert und die er folgendermaßen spezifiziert: „Man achte genau darauf, ob der Novize wirklich Gott sucht, ob er Eifer hat für den Gottesdienst, ob er bereit ist zu gehorchen und ob er fähig ist, Widerwärtiges zu ertragen." (RB 58,7) Gottsuche zeigt sich also im Eifer für den Gottesdienst, in der Bereitschaft zum Gehorsam und in der Fähigkeit, Widerwärtiges auszuhalten. Im lateinischen Text beginnen alle Worte mit einem O: *Opus Dei, oboedientia, obprobria*. Es lohnt sich hinsichtlich der Frage *Was sucht ihr*?, diese drei Kriterien eingehender zu betrachten:

Gottesdienst (lat. *Opus Dei*) meint in der Benediktsregel nicht nur, dass der Mönch im Gebet und bei der Feier der Liturgie besonderen Eifer zeigen sollte. Auch die körperliche Arbeit ist Gottesdienst. Ebenso kann man im Mitbruder und im Gast, ja in jedem Menschen Gott dienen. Gottesdienst ist einerseits der achtsame Umgang mit den Gütern des Klosters, andererseits mit denen der gesamten Schöpfung. Die ganze Welt trägt Gottes Handschrift und verrät seine Spur. In allem also kann Gott gesucht und verherrlicht werden. (Vgl. RB 57,9) Somit gehören für den heiligen Benedikt die Achtsamkeit und die Offenheit wesentlich zur Gottsuche dazu.

Bei dieser Suche bedarf es allerdings einer großen Sensibilität, die die Haltung des Gehorsams (lat. *oboedientia*) zum Ausdruck bringt. In unserem alltäglichen Sprachgebrauch ist der Begriff „Gehorsam" eher negativ besetzt. Wir verbinden damit in gewisser Weise Willenlosigkeit, unreflektiertes Befolgen von Befehlen und das sich Beugen unter irgendeine Autorität. Um einen positiveren Ansatz zu finden, kann uns die deutsche Wortherkunft weiterhelfen. Die mittlere Silbe „hor" leitet sich von „horchen" ab. „Horchen" ist ein aufmerksames Hören. Es bezeichnet ein „Hören mit gespitzten Ohren", das auch das kleinste Geräusch wahrnimmt. Die Silbe „-sam" kann so viel wie „eifrig sein" meinen. Ein sparsamer Mensch ist eifrig im Sparen, ein folgsames Kind ist eifrig im Folgen, ein „hor-samer" Mensch ist folgerichtig eifrig im Horchen. So verstanden beschreibt der Gehorsam die Haltung eines wachsamen Menschen, der bewusst, sensibel und aufmerksam ein Hörender ist. Er spitzt seine Ohren, wie wir sagen, weil er auch leise Töne und Zwischentöne vernehmen will, die bei der Suche nach Gott auf einen möglichen Fundort hinweisen können. Und damit kommen wir zum dritten Kriterium, zur Fähigkeit, auch in schwierigen Situationen durchzuhalten. Das ist wohl mit dem Begriff der *Obprobrien* gemeint. Beim Suchen nach Gott brauchen wir Geduld und Durchhaltevermögen. Wie beim Versteckspiel mit Kindern gilt es, alle Räume des vereinbarten Bezirks zu durchsuchen, dabei genau hinzuhören, ob irgendwo ein Laut zu vernehmen ist, und genau hinzusehen, ob sich irgendetwas hinter einem Vorhang oder unter einer Decke bewegt. Ebenso ist es wichtig, nicht gleich aufzugeben und alles hinzuschmeißen. Suchen braucht

Ausdauer, manchmal auch die Überwindung, Widerwärtiges auf sich zu nehmen. Ich darf gar nicht daran denken, wie es war, als ich meinen verlorengegangenen Haustürschlüssel im Abfall einer Mülltonne wiedergefunden habe …

Damit kehren wir zur Frage *Was sucht ihr?* zurück. Diese zu leben bedeutet, dass ich keinen meiner Lebensbereiche ausspare. Was suche ich in der Familie, im privaten Raum? Was suche ich beruflich? Was suche ich im Freundes- und Bekanntenkreis? Was suche ich im öffentlichen Leben? Dabei gilt es, mit einer großen Achtsamkeit und wacher Sensibilität diese Räume meines Lebens durchzugehen, ohne dabei einen zu übergehen. Mitunter braucht es auch den Mut, beim Fragen mit Entdeckerlust manche Grenzen zu überschreiten, wie wir im folgenden Kapitel sehen werden. Und wenn Gott wirklich der Grenzenlose ist, dann wird er auch jenseits aller Grenzen zu finden sein.

Wenn wir uns dem Geheimnis Gottes annähern, indem wir die Frage *Was sucht ihr?* leben, dann heißt das, dass Gott in unserer Unzufriedenheit bzw. in unseren Sehnsüchten und Träumen, in unseren Plänen und Visionen entdeckt werden kann. Gott käme dann einer heiligen Unruhe gleich, die uns immer wieder neu antreibt und sehnsüchtig aufbrechen lässt, bis wir zum Frieden und zur Erfüllung finden, zum Bleiben bei ihm. Nichts anderes beschreibt der heilige Augustinus (354–430) in seinem bekannten Wort, das seine lebenslange Suche zum Ausdruck bringt: „Unruhig ist unser Herz, bis es Ruhe findet in Dir, o Gott." Die Frage *Was sucht ihr?* zu leben bedeutet, offen zu bleiben und die Unruhe auszuhalten, ja sich in dieser zu verorten mit der Sehnsucht, dass wir dadurch in Antworten hineinleben können, die uns erfüllen und glücklich machen. Mensch, wo bist du? Was suchst du?

Kapitel 2
Meine Grenzen als Gottesfrage

Meinen ersten Rausch hatte ich mit vier Jahren. Es war an einem heißen Sommertag und ich war mit meinem Vater bei Verwandten, die eine Landwirtschaft betrieben. Wir hatten vormittags bei der Feldarbeit mitgeholfen und der Durst beim Mittagessen war groß. Die Erwachsenen unterhielten sich angeregt über wichtige Dinge, die mich überhaupt nicht interessierten. So gab ich mich dem Apfelsaft hin, der auf dem Tisch stand, unwissend, dass es sich dabei um Most handelte. Die Erwachsenen waren mit sich und ihren Themen beschäftigt und bekamen nicht mit, dass ich durstig mehrere Gläser davon trank. Nachmittags fegte mein Vater bei unserem Opa den Gehweg. Ich saß auf einem Gartenmäuerchen und fiel regelmäßig nach links oder rechts um. Geduldig setzte mich mein Vater immer wieder auf, bis er nach einiger Zeit erstaunt feststellte: „Bub, ich glaube, du hast einen Rausch!" Erschrocken über diesen eigenartigen, unkontrollierbaren Zustand muss ich ihn daraufhin gefragt haben: „Papa, geht der Rausch jetzt nie mehr weg?"

Manchmal kommt es mir vor, als ob wir in unserer ausgeprägten Konsum- und Spaßgesellschaft in einem andauernden Rauschzustand leben. Wir haben das Gleichgewicht, das rechte Maß, verloren und fallen immer wieder in Extreme. Unablässig werden neue Produkte auf den Markt geworfen, die in der Werbung als das Nonplusultra angeboten werden und den Kaufrausch der Leute wecken. Manche werden zu Billigpreisen verschachert und es beginnt eine Schnäppchenjagd gemäß dem Slogan „Geiz ist geil". Bei anderen Produkten spielt für manche Leute der Preis überhaupt keine Rolle und Luxus kennt offensichtlich keine Grenzen mehr.

Auch die Freizeitangebote für die Abend-, Wochenend- und Urlaubsgestaltung sind äußerst vielfältig geworden. Ein Event jagt das andere. Es gibt keine Jahreszeit mehr, in der nicht irgendetwas gefeiert wird. Das säkulare Festjahr beginnt mit Weihnachtsmärkten in der Vorweihnachtszeit, wie der Advent genannt wird. Von den verschiedenen Weihnachtsfeiern und den Silvesterpartys zum Jahreswechsel fallen wir in zahlreiche Faschingsveranstaltungen, die wiederum von Starkbierfesten in der Fastenzeit abgelöst werden. Auf die Ostermärkte und Maifeiern folgen Sonnwend-, Feuerwehr-, Trachten- und diverse Dorffeste. Im Herbst kommen dann die Wein- und Oktoberfeste sowie Partys zu Halloween, die nach den Martins-, bzw. wie man inzwischen auch vielerorts sagt Lichterfeiern wieder nahtlos an die Weihnachtsmärkte anschließen. Manch ausgelassene Party wird zur Orgie. Durch übermäßigen Alkohol- und Drogenkonsum, durch laute Musik und extensiven Tanz, durch erotische Kleidung und freizügig gelebte Sexualität wird der Rausch nach Leben bis zur Ekstase getrieben. Diese extensive Maßlosigkeit dient meistens nur einem, der Verdrängung. Mit der Flucht in den Rausch können wir die Wirklichkeit mit all ihren Problemen und Schwierigkeiten scheinbar für eine Zeit vergessen.

Religionsgeschichtlich ist es interessant, dass viele der genannten Elemente auch in den Naturreligionen vorkommen: Das Tanzen der Gläubigen bei rhythmischer Musik bis zur Ekstase, der Genuss von berauschenden Getränken, das Rauchen von Opiaten oder der Konsum von anderen Drogen durch Priester und Priesterinnen, das sexuelle Spiel bis zum Höhepunkt des Orgasmus etwa durch Tempelprostitution und vieles andere mehr. Durch Rausch und Ekstase glaubt der Mensch, seine Grenzen überschreiten zu können und dadurch dem Grenzenlosen, also Gott zu begegnen und teilhaben zu können an seiner unermesslichen Lebensfülle. Doch zum Rausch gehört erfahrungsgemäß auch der Kater am Tag danach; die Phase der Ernüchterung. Schon der antike Arzt Galen (2. Jahrhundert n. Chr.) brachte dies in einem Satz, der ihm zugeschrieben wird, treffend zum Ausdruck: „Jedes Lebewesen ist nach dem Beischlaf traurig." Nach den Stunden des Glücks, in denen die Zeit scheinbar stehen bleibt, aber dann der Höhepunkt erreicht und überschritten wird, müssen wir wieder aus der Ekstase in unsere Begrenztheit zurückkehren. Das kann bisweilen schmerzhaft sein und Traurigkeit wecken, weil wir so gern den Moment des Glücks festhalten würden. Das ist in gewisser Weise nachvollziehbar. Aber wenn wir nicht der Sucht erliegen wollen, die den Rausch als trügerischen Dauerzustand verspricht, dann braucht es ebenso das heilsame Erleben von Leere und Nüchternheit. Gerade dadurch kann die Sehnsucht nach vollkommenem Glück erneut geweckt werden. All das schwingt mit, wenn Jesus bei einer Hochzeit in Kana seiner Mutter die Frage stellt: „Was willst du von mir, Frau?"

Was willst du von mir?

Am dritten Tag fand in Kana in Galiläa eine Hochzeit statt und die Mutter Jesu war dabei. Auch Jesus und seine Jünger waren zur Hochzeit eingeladen. Als der Wein ausging, sagte die Mutter

Jesu zu ihm: Sie haben keinen Wein mehr. Jesus erwiderte ihr: Was willst du von mir, Frau? Meine Stunde ist noch nicht gekommen. Da sagte seine Mutter zu den Dienern: Was er euch sagt, das tut! Es standen dort sechs steinerne Wasserkrüge für die bei den Juden übliche Reinigung; sie fassten je zwei bis drei Metreten. Jesus sagt zu ihnen: Füllt die Krüge mit Wasser! Und sie füllten sie bis zum Rand. Er sagte zu ihnen: Schöpft jetzt und bringt es dem Tafelmeister. Sie brachten es ihm. Als aber der Tafelmeister von dem zu Wein gewordenen Wasser gekostet hatte, ohne von seiner Herkunft zu wissen – die Diener aber, die das Wasser geschöpft hatten, wussten es –, rief der Tafelmeister den Bräutigam herbei und sagte zu ihm: Jedermann setzt zuerst den guten Wein vor, und wenn sie trunken sind, den geringeren. Du hast den guten Wein bis jetzt zurückgehalten. Damit begann Jesus seine Zeichen in Kana in Galiläa und offenbarte seine Herrlichkeit und seine Jünger glaubten an ihn.

Joh 2,1–11

Das erste Zeichen, das Jesus im Johannesevangelium setzt, ist kein Heilungswunder wie in den anderen Evangelien. Das erste Zeichen im Vierten Evangelium ist ein Luxus- oder, wie wir auch sagen könnten, ein Geschenkwunder. Auf einer Hochzeitsfeier verwandelt Jesus Wasser in Wein. Diese recht bekannte Geschichte, die nur das Johannesevangelium überliefert, mutet zunächst unwirklich und märchenhaft an, fast wie eine orientalische Erzählung aus *Tausendundeine Nacht*. Nüchtern betrachtet könnte sie sogar „peinlich" sein, wie eine Jugendliche einmal meinte: „Eine versoffene Hochzeitsgesellschaft, die nach drei Tagen schon auf dem Trockenen sitzt, bekommt Nachschub. Die Party kann weitergehen. Was soll das angesichts des Leids in der Welt? Hätte Jesus nicht auch über die Sauferei zornig werden und schimpfen können, wie er es bei der Reinigung des Tempels von den Geschäftemachern tat? Oder ist er auch in Feierlaune und Partystimmung und sieht die eigentliche Not der Menschen in Hunger, Krieg und Krankheit nicht mehr?"

Um das Verwandlungswunder deuten zu können, ist hilfreich in Erinnerung zu rufen, dass das Johannesevangelium anders als die drei synoptischen Evangelien nicht von Wundern oder „Krafttaten" (*dynameis*), sondern von Zeichen und Signalen (*semeioi*) spricht. Während die Synoptiker eine Vielzahl von Wundern überliefern, kennt das Vierte Evangelium ausschließlich sieben solcher Zeichen. Die Zahl sieben ist in der jüdischen Tradition eine heilige Zahl. Sie symbolisiert Fülle und Ganzheit, weil sich in ihr die Zahl Gottes (drei) und die Zahl der Welt (vier) summiert. Durch das Wirken Jesu, durch seine sieben Zeichen schenkt Gott Lebensfülle für die Welt.

Wie ein Verkehrsschild oder ein Wegweiser verweist ein Zeichen auf die eigentliche Wirklichkeit. Der Betrachter wird so vom vordergründigen zum hintergründigen Sinn einer Sache geführt. An den Zeichen Jesu soll deutlich werden, dass in ihm Gott wirkt, dass er ganz und gar von Gottes Gegenwart erfüllt ist. Dieser Mensch ist Gottes Sohn, der in die Welt gekommen ist, damit die Menschen das Leben haben und es in Fülle haben, wie sein Selbstanspruch in der Mitte des Evangeliums formuliert wird. (Vgl. Joh 10,10)

Schauen wir uns die Szene etwas genauer an: Jesus ist zusammen mit seinen neuen Freunden und seiner Mutter zu einer Hochzeit eingeladen. Die Vermählungsfeier von Mann und Frau weckt bis heute in allen Kulturen vielfältige Assoziationen: Liebende Zweisamkeit und erotische Vereinigung, ein rauschendes Fest mit Tanz und Gelage, reich gedeckte Tafeln mit feinen Getränken und edlen Speisen, glückliche Stunden für alle Mitfeiernden. Die Nacht wird zum Tag, die Zeit bleibt stehen und das Fest findet scheinbar kein Ende. Auch im Judentum ist die Hochzeit ein Bild für die Ewigkeit, für den Himmel, für die endgültige Vermählung Gottes mit dem Menschen. (Vgl. Jes 49,18; 61,10; 62,5; Ps 45) Wie sich Frau und Mann liebend vereinigen und miteinander Hochzeit feiern und diese Freude mit anderen teilen, so wird auch die Begegnung des Menschen mit Gott ein einziges rauschendes Fest sein, bei dem die Zeit stehen bleibt, weil es hohe Zeit, ja höchste Zeit ist und die Ewigkeit anbricht. Wenn nun Jesus als erstes Zeichen auf einer Hochzeit Wasser in Wein verwandelt, dann ist die Botschaft des Johannesevangeliums eindeutig: Dieser Mensch, der von sich behauptet, der Sohn Gottes zu sein, schöpft aus der Fülle. Er verwandelt den Alltag zur Feier, sodass in der Begegnung mit ihm das Leben zum rauschenden Fest wird und der Himmel auf die Erde kommt. Daher ist der Hinweis seiner Mutter, „Sie haben keinen Wein mehr!", doppeldeutig: Mit dem Wein ist auch die Lebensfreude ausgegangen. Die Gäste haben nichts mehr zu trinken und auch nichts mehr zum Lachen, könnten wir sagen. Der Hochzeitsgesellschaft, und im übertragenen Sinne der Menschheit, fehlt es an freudigen Zukunftsperspektiven. Die Mutter Jesu, die eigenartigerweise im Johannesevangelium nicht mit ihrem Namen Maria genannt wird, nimmt diese Not wahr. Da das Vierte Evangelium keine Geburtsgeschichte wie das Matthäus- und Lukasevangelium überliefert, sehen manche Exegeten in dieser Szene die Weihnachtsepisode des Johannesevangeliums. Indem die Mutter Jesu das erste Zeichen vermittelt, führt sie ihren Sohn bei den Menschen ein. Er kommt gleichsam durch sie zur Welt. Durch sie wird er in die Gesellschaft eingeführt, wie wir auch sagen könnten. Dank ihrer Vermittlung wird deutlich, dass er der Retter aus Leere und Not ist und Leben in Fülle schenkt.

Manche Exegeten entwickeln den Gedanken weiter und sehen in der namenlosen Mutter ein Bild für die junge Kirche, für die Gemeinschaft der Glaubenden. Bleibender Auftrag der Kirche sei es, einerseits, wie seine Mutter, Jesus zur Welt zu bringen und ihn bei den Menschen einzuführen, andererseits aber auch ihn darauf aufmerksam zu machen, dass immer wieder der Wein und die Lebensfreude ausgehen können. Gerade diese Lebensfreude solle die Kirche der Menschheit vermitteln. Durch die Unterstützung der Kirche sollen Menschen (wieder) Geschmack an ihrem Leben finden, sodass sie es genießen können wie einen guten Wein.

Auch die Reaktion Jesu auf den Hinweis seiner Mutter erstaunt. Mit den Worten, „Was willst du von mir, Frau?", weist er sie harsch zurück. Das könnte so viel heißen, wie: Was geht das dich, bzw. mich an? Was mischst du dich in meine Angelegenheiten ein? Was habe ich mit dir zu tun? Besonders die distanzierte Anrede „Frau" klingt lieblos. Hätte er nicht „Mutter" oder „Mama" sagen können? Manche Ausleger meinen, dass die wortwörtlich übersetzte Frage, „Was ist dir, was ist mir, Frau?", auf eine aramäische Redewendung zurückzuführen ist. Diese wurde verwendet, wenn man nicht gestört werden wollte nach dem Motto: „Lass mich in Ruhe!" Das würde dann auch die verletzend wirkende Anrede „Frau" erklären. Anderen Exegeten dagegen erscheint diese Frage ernst gemeint. Wortwörtlich gestellt dient sie der je eigenen Standortbestimmung: *Was ist dir, was ist mir?* – Was ist dein Part, was ist mein Part? Es wird der Dativ verwendet, der auf das „Datum" – das „Gegebene" hinweist. Was ist dir gegeben, was ist mir gegeben? Was ist dein Datum, was ist mein Datum? Das lässt sich auch auf den Zeitpunkt übertragen, wenn Jesus feststellt: „Meine Stunde ist noch nicht gekommen." Später wird er darauf verweisen, dass nur der Vater seine Stunde kennt, in der sichtbar wird, dass er der Sohn Gottes ist. (Vgl. Joh 5,19.30) Der Mutter dagegen steht es nicht zu, diese seine Stunde herbeizuführen, so deuten manche die harsche Zurückweisung.

Dabei kann die Anrede „Frau" im Johannesevangelium ebenso als Ausdruck von Respekt und Wertschätzung gesehen werden, wenn Jesus in gleicher Weise die Samariterin am Jakobsbrunnen (vgl. Joh 4,21) oder Maria von Magdala am leeren Grab anspricht (vgl. Joh 20,15). Wir könnten sogar in der Auslegung noch einen Schritt weitergehen: Die Frage, *Was ist dir, was ist mir, Frau?*, stellt Jesus ernsthaft an sich selbst: Was ist meine Aufgabe? Was ist mein Part? Ist meine Stunde schon gekommen? Bei einem Wochenende für Väter und Söhne haben wir einmal diese Stelle intensiver miteinander angeschaut. Dabei fragte mich ein Jugendlicher, wie alt denn Jesus damals gewesen sei. Ich meinte, so etwa 30 Jahre. Daraufhin entgegnete der Jugendliche irritiert: „In diesem Alter muss man doch wissen, was seine Aufgabe ist, und endlich Verantwortung übernehmen!" Das könnte auch ein Schlüssel zum tieferen Verständnis dieser Szene sein.

Die Frage an seine Mutter dient somit auch Jesu eigener Standortbestimmung: Und wo stehst du angesichts dieser Notlage? Was ist deine Aufgabe, was sind deine Möglichkeiten? Letztlich spiegeln sich darin die Fragen: Mensch, wo bist du? Was suchst du? Dabei geht es nicht darum, was seine Mutter oder andere Menschen von ihm erwarten, sondern dass er die Stunde, also den Zeitpunkt erkennt, wann er aus der Verborgenheit heraustreten und sich seiner Verantwortung stellen muss. Nur er weiß, wann er seine Sendung zu leben beginnt.

Vielleicht verweist darauf auch die Zeitangabe vom dritten Tag, der in der jüdischen Tradition als Tag der göttlichen Hilfe gilt. *Was ist dir, was ist mir, Frau?*, wäre damit eine Frage an jeden Leser des Evangeliums: Welche Verantwortung trage ich? Was wäre meine Aufgabe in dieser Geschichte? Die Mutter erkennt anscheinend, was ihr Part ist, und gibt den Dienern den Hinweis: „Was er euch sagt, das tut!" Einerseits drückt sie damit ihr großes Vertrauen aus; sie glaubt daran, dass sich ihr Sohn der Sache annehmen wird. Andererseits wird deutlich, dass Maria die Entscheidung, was wie und wann zu tun ist, ganz Jesus überlässt.

Durch das Zeichen der Wandlung schenkt Jesus der Hochzeitsgesellschaft überraschend circa 600 Liter kostbarsten Wein. Damit kann das Fest weitergehen. Zudem sind alle von der Qualität des Wein verwundert und fragen sich, woher denn dieser besondere Wein komme. Auch dies hat einen tiefgründigen Sinn: Durch Jesus gewinnt das Leben an Qualität. In der Begegnung mit ihm kann der Mensch seine Grenzen überschreiten und eintauchen in die endlose Lebensfülle Gottes, ja er kann sich daran berauschen. Mit diesem Jesus als Gast wird das Leben zu einem herrlichen Fest mit höchster Qualität. Das ist wunderbar, geradezu herrlich, ja göttlich, worauf das griechische Wort *doxa* – „Herrlichkeit" – verweist. So beginnen auch die Jünger Jesus zu vertrauen. Sie glauben an seine Herrlichkeit.

Erst am Ende der Geschichte tritt der Bräutigam auf die Bildfläche, während von der Braut gar nicht die Rede ist. Beide bleiben namenlos und ohne weitere Angaben, sodass der Leser nicht erfährt, wer hier eigentlich Hochzeit feiert. Für das Johannesevangelium ist das nicht wichtig. Den Autoren geht es um eine tiefsinnigere Bedeutung: Es geht nicht um eine gewöhnliche Hochzeit; in Kana wird die Vermählung Gottes mit uns Menschen gefeiert, die in der Menschwerdung seines Sohnes begonnen hat. In Jesus verbinden sich Gott und Mensch. Das ist die Aussage, die uns das Evangelium vermitteln möchte. Durch Jesus verwandelt sich unser Leben und wird göttlich. Dieses Bild der liebenden Vereinigung wird im Verlauf des Evangeliums nochmals aufgegriffen, wenn Jesus davon spricht, dass sein Vater der Winzer, er selbst der Weinstock ist und wir die Reben sind. (Vgl. Joh 15,1-8) Die lebendige Verbindung mit ihm, das Bleiben bei ihm trägt Früchte für jede Zeit. Unser Lebenssaft kann durch ihn gewandelt werden zum Rebensaft, zum kostbaren Wein. Wenn uns also zugesprochen wird, dass wir die Reben sind, dann ist es wohl unser Part, unsere Aufgabe, den Wein und alles, was mit ihm in Verbindung gebracht wird, den Menschen nicht vorzuenthalten, sondern sie zum Fest einzuladen.

Das Weinwunder Jesu wurde schon bald mit dem antiken Dionysoskult in Zusammenhang gebracht, der im ganzen Mittelmeerraum stark verbreitet und sehr beliebt war. Viele Städte sahen den Gott des Weines als ihren Gründungsvater an. Der römische Dichter Ovid (43 v. Chr.–17 n. Chr.) berichtet über ihn, dass kein Gott gegenwärtiger und keiner menschlicher sei als er. Man feierte ihn mit ausgelassenem Tanz, mit Theaterstücken, teilweise auch mit erotischem Treiben und eben mit ausgelassenem Weintrinken. Auch wurde Dionysos Wunderkraft zugesagt. Er könne leere Krüge über Nacht mit köstlichem Wein füllen.

Ob die Geschichte von der Hochzeit in Kana im Zusammenhang mit dem Dionysoskult entstanden ist, bleibt offen. Aber manche Christen in der Antike stellten dazu einen Bezug her. Sie sahen in Jesus die Erfüllung des dionysischen Verlangens nach Rausch, Ekstase, Erotik und Verwandlung in die Wirklichkeit Gottes. Dieser Gottessohn schenkt uns Leben in Fülle, so wie er es angekündigt hat. (Vgl. Joh 10,10) Mit Rückblick auf die Hochzeit in Kana war für sie klar: Auf Genuss und Freude müssen wir nicht verzichten, und auch nicht auf alles, was dazu gehört wie der Wein.

Genussvoll leben

Zum ersten Zeichen in Kana gibt es eine schöne Anekdote: Im Religionsunterricht fragt die Lehrerin die Schüler, was wohl die Leute in Kana über Jesus nach dem Wandlungswunder gesagt haben könnten? Darauf meint eine Schülerin begeistert: „Den laden wir auch ein!" Die Antwort bringt es auf den Punkt: Wer Jesus zu Gast hat, der hat Lebensfülle oder der hat grenzenlosen Spaß, um es in der Sprache der Jugendlichen zu sagen. Heutzutage wird einem ständig „viel Spaß" gewünscht. Ich muss ehrlich gestehen, dass es mir schwer fällt, das Wort „Spaß" in diesem Zusammenhang zu verwenden. Es klingt in meinen Ohren eher oberflächig. Das ist keine Kritik an der Schülerin. Sie hat den Kern der Botschaft verstanden. Für mich hört sich Freude hingegen edler an, auch wenn sie nicht so sehr das Lebensgefühl unserer Tage trifft. Wenn wir Spaß als etwas verstehen, das uns richtig glücklich macht, dann können wir feststellen: Jesus hat Spaß daran, die Hochzeit in Kana mitzufeiern. Und er lässt sich sogar auf den Spaß ein, Wasser in Wein zu verwandeln.

Dabei stellt sich mir die Frage: Wo ist in christlichen Gemeinden und Gemeinschaften davon heute noch etwas zu spüren? Manchmal erlebe ich es in Andechs, wenn eine Wallfahrergruppe am Ziel angekommen ist, miteinander Gottesdienst feiert, die Lieder voller Inbrunst gesungen werden und man sich dann im Bräustüberl freudig zuprostet: „Endlich haben wir es geschafft! Jetzt haben wir uns das Bier verdient und können es uns schmecken lassen! Wie schön ist doch das Leben!" Leider sieht der kirchliche Alltag häufig anders aus. „Alles, was Spaß macht, ist bei euch verboten!", meinte eine junge Künstlerin im Gespräch. Christen und besonders wir Katholiken werden oft als „Spaßbremsen" wahrgenommen, die immer wieder auf das schön belegte Wurstbrötchen Asche streuen, wie es einer unserer Professoren einmal eindrucksvoll ins Bild brachte. Anstelle von Partystimmung halten wir steife Gottesdienste mit unverständlichen Ritualen ab. Anstelle von berauschender Ekstase, von Tanz und Gelage reden wir von Sünde und Schuld. Anstelle von erotischem Prickeln heißt es bei uns: kein Sex außerhalb der Ehe. So und so ähnlich lautet das Urteil vieler Zeitgenossen. Sie kritisieren das, was bereits Friedrich Nietzsche (1844–1900) bedauerte: „Die Christen müssten mir erlöster aussehen. Bessere Lieder müssten sie mir singen, wenn ich an ihren Erlöser glauben sollte." Hinzu käme noch eine ausgeprägte Doppelmoral, die Wasser predige, sich selbst aber im Geheimen dann doch den Wein gönne. Die kirchlichen Missbrauchs- und Finanzskandale der vergangenen Jahre bekräftigen dieses erschütternde Bild von Kirche noch. Ernüchterung, wie wir sie momentan erleben, tut not und Katerstimmung breitet sich aus.

Die Frage *Was willst du von mir?* hilft uns, unsere gesellschaftlichen Grenzen, aber auch meine persönlichen Beschränkungen als Gottesfrage zu entdecken und zu leben. Die Frage nach dem unendlichen Glück, das ein Gottesname sein könnte, zeigt sich in der Sehnsucht nach dem, was mir wirklich Spaß machen würde: Was ist mir? Was ist mir gegeben und was fehlt mir? Wenn wir die Frage *Was ist dir, was ist mir?* auf das Geheimnis Gottes übertragen, dann begegnet er uns an unseren Grenzen und Abgrenzungen. Er ist die Frage nach dem, was mir an Freude und an Glück fehlt. Er steht für die Erfüllung dessen, wonach ich mich sehne, was aber jenseits meiner Grenzen liegt. Kann ich meine verborgenen Wünsche zulassen? Oder wenn wir es auf das Evangelium übertragen: Können wir in all dem, was uns Erfüllung geben würde, das Wasser entdecken, das Jesus zu Wein verwandelt? Können wir uns vorstellen, dass Menschen, die richtig Spaß an und in ihrem Leben haben, darin unbewusst dem Geheimnis Gottes begegnen? Ich muss in diesem Zusammenhang an Jugendliche denken, die in Partystimmung am Wochenende die Nacht zum Tag machen und von einem zum anderen Lokal ziehen. Oder mir kommen Kinder in einem Freizeitpark in dem Sinn, die richtig Spaß daran haben, sich bei den verschiedenen Attraktionen auszutoben. Was würde mir so richtig Spaß machen, sodass ich dadurch dem Geheimnis Gottes nahekommen kann, der offensichtlich das Leben in Fülle will?

Zu Recht werden ja die eingangs beschriebenen, extremen Formen der Konsum- und Spaßgesellschaft häufig als Verdrängungsmechanismen kritisiert, da sie nach dem antiken Prinzip von „Brot und Spielen" dazu dienen, die Wirklichkeit mit ihren Herausforderungen und Problemen nicht mehr wahrhaben zu müssen. Ebenso ist es aber auch innerkirchlich eine Form von Verdrängung, wenn wir als Gemeinschaft der Glaubenden nicht erkennen wollen, was uns fehlt und wo uns der Wein ausgegangen ist. Wenn beispielsweise die Verbote kirchlicher Sexualmoral von außerehelichem Geschlechtsverkehr oder von künstlicher Verhütung durch Pille und Kondome von einem Großteil der Katholiken nicht beachtet werden und diese sich durch ihr Verhalten automatisch exkommunizieren, wie es kirchlicher Lehre entspricht, dann müsste das doch auch zur innerkirchlichen Ernüchterung führen. Sie haben keinen Wein mehr! – *Was ist dir, was ist mir?*

„Ich kann nur ändern, was ich angenommen habe!", so lautet ein Grundsatz der Psychotherapie, den schon die Wüstenväter kannten. Auf der Hochzeit in Kana stellt sich Jesus der Not der Hochzeitsgesellschaft. Dadurch kommt es nicht zur Verdrängung, sondern zur Verwandlung. Indem Jesus sich bewusst der Leere stellt und sich vergewissert, was sein

Auftrag ist und dass seine Stunde, seine Zeit gekommen ist, haben alle an seiner Lebensfülle teil. „Ich kann nur ändern, was ich angenommen habe!" – Diese Weisheit verpflichtet zum wachen Blick, indem auch wir uns die Frage stellen: Was ist mir? Was ist meine Stunde? Bin ich Spaßmacher oder Spaßbremse? Oder, um es vornehmer zu formulieren: Womit und in welchen Situationen kann ich Menschen eine Freude machen?

Es gibt in der Benediktsregel ein sehr eindrückliches Kapitel, in dem es um den Weingenuss der Mönche geht. (Vgl. RB 40) Zwar stellt der Mönchsvater zunächst nüchtern fest, dass der Wein für Mönche nichts sei, da er sogar die Weisen zu Fall brächte. Damit steht der heilige Benedikt absolut in der Tradition der Wüstenväter, die das Ideal völliger Abstinenz von allen Genussmitteln lebten, um sich dadurch auf das Fest der Ewigkeit vorzubereiten. Allerdings führt der heilige Benedikt weiter aus: „Weil aber die Mönche heutzutage sich davon nicht überzeugen lassen, sollten wir uns wenigstens darauf einigen, nicht bis zum Übermaß zu trinken, sondern weniger." (RB 40,6) Mit seinem bewussten Entgegenkommen verdrängt der Mönchsvater nicht die Bedürfnisse seiner Mitbrüder, sondern nimmt auf deren Schwächen Rücksicht und erlaubt den Weingenuss in einem festgesetzten Maß von circa dreiviertel Liter pro Tag. Ungünstige Ortsverhältnisse, Arbeit und Sommerhitze können sogar dazu führen, dass der Obere situationsbedingt ein höheres Maß genehmigen kann. Auch weist der heilige Benedikt in diesem Zusammenhang generell daraufhin, dass er nur mit einigen Bedenken das Maß der Nahrung für andere bestimmen würde, denn jeder hat seine Gnadengabe von Gott, der eine so, der andere so.

Für mich ist dieses Kapitel über den Weingenuss ein Schlüsselkapitel unserer Regel, das viel über die Spiritualität des heiligen Benedikts aussagt: Der Abt stellt sich seiner Verantwortung für das Heil und das Glück seiner Brüder. Realistisch nimmt er ihre Bedürfnisse wahr, ohne dabei das Ideal aufzugeben. Er sucht in allen Extremen die Mitte und das rechte Maß, indem er nicht zur Grenzüberschreitung auffordert, aber sehr wohl im Blick auf die Zeit und die Schwächen die Grenzen weitet, indem er den Weingenuss erlaubt und damit neuen Lebensraum für seine Mitbrüder erschließt. Durch diese Versetzung der Grenzpflöcke wird er seiner Verantwortung als Abt gerecht und schenkt seinen Mitbrüdern neue Lebensqualität. Er wählt den Weg der Wandlung, indem er die Wirklichkeit nicht verdrängt, sondern annimmt. Wir könnten auch salopp formulieren: Er lässt sich nach dem Vorbild Jesu auf den Genuss des Weintrinkens ein. Es ist eine Anfrage an alle, die wie die Mutter Jesu diesen zur Welt bringen möchten: *Was ist dir?* – Wie kann ich glaubhaft die Botschaft der Lebensfülle mit der Sehnsucht heutiger Menschen nach Lebensrausch und Ekstase verbinden?

Sonntagskultur zeigt sich nicht nur im Gottesdienstbesuch, sondern beispielsweise auch darin, dass ich mich in der Familie oder mit Freunden treffe, den freien Tag mit ihnen bei gutem Essen und Trinken genieße und wir Spaß miteinander haben. Lebensfreude ist dann vorhanden, wenn Freunde miteinander Sport machen und sich danach mit einem Gaststättenbesuch belohnen, oder wenn wir uns an der Natur freuen oder uns an einem Regentag einen ausgedehnten Mittagsschlaf gönnen. Für unsere klösterliche Gemeinschaft finde ich es sehr wichtig, dass wir gerne miteinander Feste feiern und uns immer wieder auch in lockerer Runde auf ein Bier oder auf ein Glas Wein treffen. Das hat uns, wie mir zugetragen wurde, in einem anderen Kloster den Spitznamen „Partymönche" eingebracht. Erst war ich irritiert. Dann empfand ich es als ein echtes Kompliment. Ich finde es schön, wenn uns attestiert wird, dass wir miteinander feiern und das Leben genießen können. Vielleicht sollten wir von unseren säkularen Zeitgenossen wieder neu feiern lernen. Jedenfalls ist es spannend, unsere verborgenen Wünsche, die jenseits unserer Begrenztheit liegen, ehrlich anzunehmen, sie ins Wort zu bringen und den Mut zu haben, die Grenzpflöcke auch einmal zu versetzen. Können wir uns im Genuss, bzw. in der Sehnsucht nach erfülltem Leben und Lebensfülle dem Geheimnis Gottes annähern, der sich mit uns Menschen vermählen und Hochzeit feiern will?

Was ist mir, was ist dir? – Jesus ist der Weinstock, wir sind die Reben. In unserer Andechser Wallfahrtskirche ist all das im Gnadenbild des unteren Hochaltars dargestellt. Wir sehen die Mutter Maria, wie sie das Jesuskind auf dem Schoß dem Betrachter entgegenstreckt. Das Jesuskind hält in seinen Händen Weintrauben: Sie haben keinen Wein mehr! – Ich bin der Weinstock, ihr seid die Reben! – *Was ist mir, was ist dir?*

Aus meinem Lebenssaft kann Rebensaft, ja Wein werden, der mit anderen genossen zur berauschenden Ekstase, zur beglückenden Gottesbegegnung führen kann, die das Leben verwandelt. Habe ich den Mut, die Frage, *Was ist dir, was ist mir?*, ehrlich zu leben? Kann ich das Geheimnis Gottes im heiligen Lebensrausch berühren, der immer wieder in Menschen aufbricht und gestillt werden will? Kann ich die Katerstimmung und die Ernüchterung aushalten, die die Sehnsucht nach bleibendem Glück jenseits der Grenze unseres Lebens wecken? Das erste Zeichen Jesu ist Ermutigung, genussvoll zu leben. Vielleicht finden wir dadurch zu Antworten auf die Fragen: Mensch, wo bist du? Was suchst du?

Kapitel 3
Meine Leiden als Gottesfrage

„Gar ned krank is a ned g'sund", resümierte Karl Valentin (1882–1948) auf humorvolle Weise. Mich erinnert dieser Satz an meine Kindheit: Wenn einer von uns Geschwistern krank war, wurde für ihn im Wohnzimmer auf dem Sofa ein eigenes Krankenlager hergerichtet. Zur Ablenkung durfte man dann Schallplatten hören und seine Spielsachen auf dem Teppichboden verteilen. Meistens mussten wir diese dann auch nicht nach dem Spielen aufräumen, wie es sonst der Fall war. Für die bessere Genesung gab es Orangensaft mit einem höheren Fruchtgehalt und überhaupt genossen wir die volle Zuwendung unserer Mutter mit allen außerordentlichen Annehmlichkeiten. Kranksein brachte also gewisse Vorteile gegenüber den gesunden Geschwistern mit sich und so ließ ich mir mit dem Gesundwerden auch Zeit, zumal die Schule keine echte Alternative darstellte.

In der Psychologie nennt man das einen „Krankheitsgewinn". Dieser kann allerdings für das gesunde Umfeld anstrengend werden besonders dann, wenn er ausgiebig zelebriert wird. Immer wieder begegnen mir in der Seelsorge Menschen, die sich allein über ihre Krankheiten definieren, ja sogar ihre Krankheitsgeschichten regelrecht kultivieren und die Aufmerksamkeit genießen, die ihnen aufgrund ihrer Leiden entgegengebracht wird. Das mag zunächst nachvollziehbar sein, stellt doch eine ernsthafte Erkrankung einen schweren Einschnitt in die eigene Lebensgeschichte dar. Wenn es dann noch zu chronischen Dauerbelastungen kommt, ist es verständlich, dass diese Teil der eigenen Biografie werden und immer wieder thematisiert werden. Manche Menschen entwickeln auch hypochondrische Verhaltensweisen, sodass sie bewusst und bisweilen sogar genussvoll ihre Schwächen nach außen tragen, um sich dadurch in den Mittelpunkt zu stellen und Mitleid zu erheischen. Sie wollen gar nicht mehr gesund werden bzw. wünschen sich nicht, dass eine schnelle Besserung eintritt. Ebenso kann es vorkommen, dass sich Erkrankte bewusst gehen lassen, um so ihr Leiden und das Mitleid noch zu verstärken. Jede zusätzliche Einschränkung kommt ihnen gerade recht, weil sie dadurch noch mehr Aufmerksamkeit genießen bzw. diese dauerhaft anhält und immer wieder aufgefrischt wird. Dass solche Lebenseinstellungen auf Dauer für die psychische Stabilität nicht förderlich sind und das nähere Umfeld belasten, versteht sich von selbst.

Es ist gar nicht so einfach, „gesund" mit einer Krankheit umzugehen, um es etwas pointiert auszudrücken. Zum einen gilt es, diese anzunehmen und sich den damit verbundenen Herausforderungen zu stellen. Zum anderen ist Achtsamkeit gefragt, sodass die Erkrankung nicht zur einzigen Selbstdefinition wird. Der Kranke ist und bleibt mehr als seine Leiden. Auch die Umgebung tut sich oft schwer, „gesund" mit Krankheiten nahestehender Personen zu leben. Ich erinnere mich an einen Mann, der bewusst von der schweren Krebserkrankung seiner Frau profitierte, indem er diese immer wieder in seinem Freundeskreis thematisierte und dabei schon fast genussvoll ausführte, wie bedrohlich das auch für ihn selbst sei. Keiner könne mitfühlen, unter welchen Ängsten er leide. Schließlich müsse er alles allein tragen und es ginge ja auch um seine Zukunft. Das mag alles stimmen, aber es fiel auf, dass seine Frau, die ja die eigentlich Betroffene war, in seinen Ausführungen völlig in den Hintergrund geriet und schon gar nicht mehr vorkam. Es drehte sich allein um ihn.

Ebenso kommt mir ein Pfarrer in den Sinn, der bei den regelmäßigen Treffen der Seelsorger hauptsächlich von den Kranken und Sterbenden in seiner Gemeinde berichtet und sich dabei mehr oder weniger rühmt, wie aufopferungsvoll er die schweren Krankheiten mittragen würde. Von erfreulichen Ereignissen wie Taufen oder Besuchen im Kindergarten ist bei ihm selten etwas zu hören. Auch er lebt in gewisser Weise vom „Krankheitsgewinn".

„Gar nicht krank ist auch nicht gesund!" – Wie existenziell muss es für jemanden sein, der nach dieser Prämisse sein Leben ausrichtet, wenn er gefragt wird: „Willst du gesund werden?" Ausgehend von diesen Gedanken wollen wir die Heilung eines Gelähmten in Jerusalem betrachten.

Willst du gesund werden?

Danach war ein Fest der Juden und Jesus zog nach Jerusalem hinauf. In Jerusalem befindet sich am Schaftor ein Teich, auf Hebräisch Betesda genannt, mit fünf Säulenhallen. Dort lagen viele Kranke, Blinde, Lahme, an Auszehrung Leidende, die auf die Bewegung des Wassers warteten. Ein Engel des Herrn stieg nämlich von Zeit zu Zeit in den Teich hinab und ließ das Wasser aufwallen. Wer dann zuerst nach dem Aufwallen des Wassers hineinstieg, wurde gesund, von was für einer Krankheit er auch befallen war. Dort lag ein Mann, der schon achtunddreißig Jahre an seiner Krankheit litt. Als Jesus ihn dort liegen sah und erfuhr, dass er schon lange krank war, fragte er ihn: Willst du gesund werden? Der Kranke antwortete ihm: Herr, ich habe keinen Menschen, der mich, sobald das Wasser in Wallung gerät, in den Teich bringt. Während ich auf dem Weg bin, steigt schon ein anderer vor mir hinab. Jesus sagt zu ihm: Steh auf, nimm deine Bahre und geh umher! Sofort wurde der Mann gesund, nahm seine Bahre und ging umher. Es war aber Sabbat an jenem Tag. Da sagten die Juden zu dem Geheilten: Es ist Sabbat; da darfst du deine Bahre nicht tragen. Er antwortete ihnen: Der mich gesund gemacht hat, hat zu mir gesagt: Nimm deine Bahre und geh umher! Sie fragten ihn: Wer ist der Mann, der zu dir gesagt hat: Nimm dein Bett und geh umher? Der Geheilte wusste aber nicht, wer es war. Denn Jesus hatte sich aus dem Gedränge am Ort entfernt. Später traf ihn Jesus im Tempel und sagte zu ihm: Nun bist du gesund; sündige nicht mehr, damit dir nichts Schlimmeres widerfährt. Da ging der Mann fort und sagte den Juden, dass es Jesus war, der ihn gesund gemacht hatte. Daraufhin verfolgten die Juden Jesus, weil er das an einem Sabbat getan hatte. Jesus aber hielt ihnen entgegen: Mein Vater wirkt bis jetzt und auch ich wirke. Deshalb trachteten die Juden noch mehr danach, ihn zu töten, weil er nicht nur den Sabbat brach, sondern auch Gott seinen Vater nannte und sich damit Gott gleichstellte.

Joh 5, 1–18

Nachdem Jesus einen schwer erkrankten Jungen in Galiläa geheilt hat, führt ihn sein Weg nach Jerusalem. Dort wirkt er sein drittes Zeichen an einem Teich namens Betesda. Dieser liegt an einem Stadttor in der Nähe des Tempels, durch das die Opferschafe zur Schlachtung getrieben wurden. Daher wurde es auch das Schaftor genannt. Noch heute kann man die Badeanlagen von Betesda in Jerusalem besichtigen. In Anlehnung an den Volksmund wird Betesda von manchen Exegeten als „Haus der Barmherzigkeit" bezeichnet, denn durch Jesu drittes Zeichen werde Gottes Barmherzigkeit sichtbar.

Andere wiederum bevorzugen die Bezeichnung „Ort der Eingießung", weil durch die Begegnung mit Jesus dem Gelähmten neue Lebenskraft eingegossen wurde. Beide Versionen bleiben aber nach wissenschaftlichen Befunden fragwürdig. Fakt ist wohl, dass sich am Teich von Betesda viele Kranke aufhielten, weil dem Wasser heilende Wirkung zugesprochen wurde. So berichtet es zumindest das Johannesevangelium.

Unter den Kranken sieht Jesus einen Gelähmten und erkundigt sich nach seinem Schicksal. Wieder geht die Initiative von Jesus aus. So wie er auf die beiden Jünger zugeht, von denen wir im ersten Kapitel gehört haben (vgl. Joh 1,38), so sieht er nun den Mann. Er schenkt ihm Ansehen. Anders als in einer ähnlichen Szene, die in den anderen Evangelien geschildert wird und die wahrscheinlich unserer Episode als Vorlage gedient hat (vgl. Mk 2,1–12), bittet ihn hier niemand um die Heilung, weder der Erkrankte noch dessen Freunde. Seit 38 Jahren lähmt ihn sein Leiden. Möglicherweise können wir in der Anzahl der Jahre einen Hinweis sehen auf die 38 Jahre, die das Volk Israel durch die Wüste irrte, bevor es ins Gelobte Land gelangen konnte (vgl. Dtn 2,14). Wie das Volk Israel soll der Gelähmte nach einer sehr langen Zeit der Entbehrungen, die womöglich einer inneren Wüstenwanderung gleichkommt, nun endlich das Leben in Fülle genießen können. (Vgl. Joh 10,10). Dazu stellt ihm Jesus die alles entscheidende Frage: *Willst du gesund werden?*

Einerseits könnten wir entgegnen: Warum stellt Jesus überhaupt diese Frage? Es liegt doch auf der Hand, dass sich dieser leidgeprüfte Mensch nach so langer Zeit der Krankheit nach Genesung und Gesundung sehnt. Andererseits könnten wir auch kritisch bemerken: Darf man eine solche Frage überhaupt einem chronisch Kranken stellen? Ist das nicht unsensibel und vollkommen empathielos?! Jesus hätte sich dem Gelähmten erst einmal vorstellen und ihm erklären können, dass er die göttliche Vollmacht hat, ihm vom Handicap seiner Lähmung zu befreien. Doch Jesus setzt beim Willen des Mannes an; er fragt: *Willst du gesund werden?* Ebenso ist interessant, dass in diesem Zusammenhang das Wort *hygiäs* – „gesund" – verwendet wird und nicht von „heilen" die Rede ist, wie zuvor in einer ähnlichen Situation in Galiläa. (Vgl. Joh 4,47) Gesundwerden drückt einen Prozess aus, bei dem der Körper aktiv mitwirken muss, damit die Krankheitssymptome gesunden. Unser Lehnwort Hygiene erinnert noch daran, wie wichtig unser eigenes Zutun und die Vorsorge zur Gesunderhaltung ist. Nicht zuletzt führt uns dies auch die Coronavirus-Pandemie wieder vor Augen.

Eigentlich wäre die Antwort schnell gegeben: Selbstverständlich, ja, ich will gesund werden! Doch der Mann ist zögerlich. Er erzählt erst einmal seine Leidensgeschichte und davon, dass er immer zu spät kommt, weil ihm keiner hilft und ihn ins heilende Wasser trägt. Andere seien immer schneller. So hat er es irgendwann aufgegeben. Offensichtlich gilt auch unter den Kranken das Recht des Schnelleren und Stärkeren. Es scheint, als habe sich dieser Mann mit seinem schweren Handicap abgefunden, die Hoffnung auf Heilung aufgegeben und sich förmlich in seiner Krankheit eingerichtet. Das wäre nach der langen Zeit auch nachvollziehbar.

Doch hat er vielleicht in den vielen Jahren des Siechtums gelernt, nicht nur mit, sondern auch von seiner Krankheit zu leben? Vielleicht ist ihm seine Lähmung zum Vorteil und damit zum Krankheitsgewinn geworden. Er braucht sich nicht mehr selbst zu bewegen und muss damit auch keine Verantwortung mehr für sich übernehmen. Schließlich hat auch ein gesundes Leben seinen Preis. Einfach nichts tun wäre dann nicht mehr möglich, und dabei ist es doch viel einfacher, könnten wir sarkastisch feststellen. Vielleicht ist der Gelähmte aber auch schlichtweg nur frustriert, weil ihm in all den Jahren niemand geholfen hat, und er will keine neue Enttäuschung mehr riskieren. All diese Fragen und Gedanken tauchen in mir auf und schwingen mit, wenn ich die Reaktion dieses Mannes betrachte.

Willst du gesund werden? – diese Frage Jesu ist heilsam, absolut „not-wendig" im eigentlichen Sinn des Wortes. Der Kranke muss seine Not wenden wollen, wenn er wirklich genesen möchte. Jeder Arzt oder Therapeut würde es bestätigen: Wir müssen die Heilung und das Heil, die Wendung zum Guten *wollen*, sonst setzt sie nicht ein. Hier geht es um einen echten Willensakt. Wir müssen Verantwortung für unser Schicksal übernehmen *wollen*, um es ändern zu können. Umso erstaunlicher ist es, dass die Frage vom Gelähmten nicht beantwortet wird. Er lässt sie offen. Jesus dagegen scheint zu wissen, was der Gelähmte will. Er selbst will ein Zeichen setzen. Darum lässt er den Mann nicht zum Teich schaffen, was er ja auch hätte tun können, sondern fordert ihn auf: „Steh auf, nimm deine Bahre und geh umher!" (Joh 5,8) Damit erinnert Jesus den Kranken an seine Eigenverantwortung und ruft ihn in seine eigene Kraft zurück. Er soll nicht auf eine Bewegung von außen hoffen. Jesus traut ihm zu, dass er selbst aufsteht, dass er sich selbst bewegt und dass er sein Leben selbst in die Hand nimmt. Wir könnten auch von der Selbstwirksamkeit sprechen, die Jesus im Gelähmten wachruft; mit seiner Aufforderung sagt er dem Gelähmten: Du kannst selbst etwas bewirken und in Gang setzen, wenn du es nur willst! Aufgrund dieses Zutrauens, dieser Zumutung, richtet sich der Mann auf und vertraut seinen eigenen Kräften. Neues Leben wird in ihm erweckt und so findet er zur Auferstehung, worauf das griechische Wort *egeirein* – „erwecken, aufrichten" – hindeutet.

Allein durch diese Semantik verweist das Johannesevangelium auf die Vollmacht Jesu zur Totenauferweckung, die er im direkt anschließenden Streitgespräch mit den Autoritäten Jerusalems auch hervorhebt: „Denn wie der Vater die Toten erweckt (*egeirein*), und lebendig macht, so macht auch der Sohn lebendig, wen er will." (Joh 5,21) Genau darin liegt der tiefere Sinn dieser dritten Zeichenhandlung: Der Gelähmte erlebt Auferweckung. An ihm und durch ihn wird Ostern bereits sichtbar. Jesus will nicht die Lähmung, er will die Bewegung. Er will nicht den Tod, sondern das Leben. Und er will, dass wir eigenständig und eigenverantwortlich handeln. Dazu will er uns verhelfen oder, anders formuliert, unterstützend bewegen. Er will, dass wir gesund durchs Leben gehen. Wenn er dem Gelähmten die Frage stellt, *Willst du gesund werden?*, stellt er ihm zugleich die Frage: Willst du selbstständig und selbstverantwortlich durchs Leben gehen? Was dies konkret bedeutet, zeigt der Fortgang der Szene.

Indem der Geheilte seine Bahre in die Hand nimmt und damit umhergeht, übertritt er das Sabbatgebot. Ob er es bewusst oder unbewusst übertritt, geht aus dem Text nicht hervor. Erst jetzt erfährt der Leser, dass die Heilung an einem Sabbat stattfindet. So wird aus der Heilungsgeschichte schnell eine Konfliktgeschichte. Bei den religiösen Autoritäten, für die im Johannesevangelium häufig und leider sehr missverständlich der plakative Begriff „Juden" verwendet wird, regt sich zum ersten Mal Widerstand. Wenn sie das Tun des Geheilten scharf kritisieren, dann zeigen sie, dass sie – diejenigen, die sich für die Gelehrten des erwählten Volkes halten – in ihren Gesetzesvorschriften und Geboten gefangen sind. Letztlich sind sie die eigentlich Gelähmten, die seit 38 Jahren durch die Wüste irren und den Weg ins Gelobte Land nicht finden können. Den Vorwurf der Autoritäten weist der Geheilte von sich und verweist auf den Mann, der ihn geheilt hat, dessen Herkunft und Namen er aber nicht kennt. Will er sich damit aus der Verantwortung für sein Tun stehlen und erinnert er damit an Adam, der sich versteckt? Oder ist er einfach nur ungeschickt? Darauf lässt sich letztlich keine eindeutige Antwort finden. Kurz darauf aber begegnet der Geheilte Jesus erneut, diesmal im Tempel. Auch dieses Mal sieht ihn Jesus zuerst. Wiederum ergreift Jesus die Initiative, indem er scheinbar ganz unvermittelt den Mann auffordert, nicht mehr zu sündigen, damit ihm nicht Schlimmeres widerfahre. Das ist vor folgendem Hintergrund verstehen: In manchen jüdischen Lehrmeinungen wurde zur Zeit Jesu ein innerer Zusammenhang zwischen Krankheit und Sünde gesehen. Körperliches Leiden kann durch Sünde verursacht und ein Symptom für die Entfremdung von Gott sein, so lautete eine gängige Erklärung. Davon aber grenzt sich Jesus unmissverständlich ab. Bei der Heilung des Blindgeborenen wird dies am deutlichsten. Hier schließt Jesus einen Zusammenhang von Sünde, Schuld und Krankheit vehement aus. (Vgl. Joh 9,2) Wir werden uns dieser Stelle in Kapitel 6 widmen. Doch auch in der Begegnung mit dem vormals Gelähmten im Tempel nennt er nicht ein schuldhaftes Fehlverhalten als Ursache der Lähmung. Vielmehr fordert Jesus den Geheilten auf, seine Heilung nicht nur als äußere „Symptomheilung" zu verstehen, sondern als Gesundung des ganzen Menschen. Dadurch wird das Verhältnis zu Gott wieder heil. Die Aufforderung „Sündige nicht mehr, damit dir nichts Schlimmeres widerfährt" bedeutet also so viel wie: Lebe so, dass du ein gesundes Verhältnis zu Gott hast und die Lebensgemeinschaft mit ihm pflegst. Dann bist auch du gesund und wirkst gesund in dein Umfeld hinein. Der Gelähmte soll gewissermaßen einen Gegenentwurf zu den religiösen Autoritäten und deren Lehrmeinungen leben, die die Menschen lähmen und krank machen. Es gilt, die Weisungen der Bibel nicht krankmachend, sondern heilbringend zu deuten und sie mit Leben zu füllen Diese Art von Beweglichkeit ist gefragt.

Nach der erneuten Begegnung mit Jesus weiß der Mann nun, wer ihn gesund gemacht hat, und gibt entsprechend die Informationen weiter, als er abermals gefragt wird. Ob er damit seinen Wohltäter verrät oder ein Bekenntnis zu ihm ablegt, wie in Exegetenkreisen kontrovers diskutiert wird, muss offen bleiben. Allerdings kommt es daraufhin erneut zur Auseinandersetzung zwischen Jesus und den Autoritäten. In dem Konflikt bekräftigt Jesus: „Mein Vater wirkt bis jetzt und auch ich wirke." (Joh 5, 17) Damit aber setzt er sich nach Meinung der jüdischen Gelehrten mit Gott gleich und begeht Gotteslästerung. Darauf steht nach dem Gesetz die Todesstrafe. (Vgl. Lev 24,16)

Die Botschaft des dritten Zeichens ist eindrücklich: Gott, der in sich Vitalität ist, will unsere Gesundheit und unsere Gesundung, so lautet die Überzeugung des Johannesevangeliums. Er sieht unsere Krankheiten und Lähmungen und will uns neu bewegen, damit wir selbst Ostern erleben. Er will aber auch, dass wir unseren Beitrag dazu leisten, auf unsere eigenen Kräfte vertrauen und selbst Verantwortung für unser Leben übernehmen. Er sorgt sich um die Gesundung und Gesunderhaltung von Leib und Seele, also des ganzen Menschen. Das gilt in besonderer Weise auch für eine gesunde Gottesbeziehung. Die Frage, *Willst du gesund werden?*, beinhaltet letztlich auch die Frage, willst du aufgeweckt und lebendig gemacht werden? Willst du, dass etwas in Bewegung kommt, und willst du dazu deinen Beitrag leisten? Adam, wo bist du, was suchst du? Steh auf, nimm deine Bahre und geh umher!

Beweglich leben

In unserer Klostergemeinschaft haben wir einen Mönch, der vor circa 30 Jahren völlig erblindet ist. Schon als Kind hatte er eine vererbte Sehschwäche, die immer stärker wurde und schließlich zur Erblindung führte. Mich beeindruckt sehr, wie unser Mitbruder sein Schicksal meistert. Noch nie habe ich ihn in all den Jahren klagen hören, noch hat er uns gegenüber jemals den Wunsch geäußert, wieder sehen zu können. Er nimmt seine schweren Einschränkungen an. Dabei organisiert er sein Leben weitgehend selbstständig, fordert aktiv Hilfe ein, wenn er diese benötigt, und arbeitet als hochgeschätzter Physiotherapeut in einer Klinik. Wenn es die Zeit zulässt, machen wir gerne sonntagnachmittags einen gemeinsamen Spaziergang. Einmal kamen wir dabei auch auf die Frage Jesu, *Willst du gesund werden?*, zu sprechen. Wie erstaunt war ich, dass unser blinder Mitbruder meinte, er weiß gar nicht, ob er überhaupt wieder sehen wollen würde. Lange hat mich diese Antwort beschäftigt, bis ich sie irgendwann nachvollziehen konnte. Zum einen hat er sein Schicksal angenommen und geht „gesund" mit diesem um. Er nutzt seine Blindheit nicht aus, um dadurch Mitleid zu erheischen oder irgendeinen Krankheitsgewinn auszukosten. Das ist nicht seine Sache. Jedoch genießt er hohe Anerkennung dafür, wie positiv er mit seinem Handicap lebt. Seine Blindheit gehört zu ihm. Sie ist für ihn ein Alleinstellungsmerkmal, das ihn auszeichnet. Aufgrund seiner Einschränkungen ist er z. B. ein exzellenter Zuhörer, der viel schneller als wir Sehenden Zwischentöne in einem Gespräch wahrnimmt und sich viele Details merken kann. Für viele ist er ein guter Berater. Ebenso achtet er sehr sensibel auf sein Umfeld und seine Umgebung. Wenn beispielsweise Ende August die Blätter an den Bäumen härter werden und sich langsam der Herbst ankündigt, stellt er aufgrund des veränderten Rauschens des Windes in den Bäumen fest, dass sich nun das Laub verfärbt. Er hört regelrecht die Verfärbung. Auch lässt er sich nicht so leicht von Äußerlichkeiten oder den ersten Eindrücken täuschen, sondern „schaut" interessiert hinter die Fassade, indem er stets offen und interessiert nachfragt. In seinem Beruf zeichnet er sich durch eine hohe Sensibilität aus, sodass einer seiner Patienten einmal meinte: „Der Mann sieht mit seinen Händen!" Indem er sich ohne Jammern tagtäglich aktiv seinem eingeschränkten Leben mit den entsprechenden Herausforderungen stellt und gesund mit diesen umgeht, hat er die Frage, *Willst du gesund werden?*, letztlich für sich mit einem „Ja" beantwortet. Auf beeindruckende Weise hat er, um es im Bild des Evangeliums zu sagen, seine Trage, sein Leben selbst in die Hand genommen.

Ehrlich gesagt, weiß ich nicht, ob ich in einer ähnlichen schwierigen Lebenssituation dieselbe Willensstärke hätte, und ich kann sehr gut nachvollziehen, wenn Schwererkrankte mit ihrem Schicksal hadern oder sich mit diesem nicht abfinden wollen. Allerdings verweist unser blinder Mitbruder mit seinem vorbildlichen Verhalten darauf, wie wichtig es ist, dabei nicht seine Eigenverantwortung aufzugeben und trotz allem, wenn irgend möglich, seine Selbstwirksamkeit zu entwickeln.

Sicherlich braucht es dazu große Geduld und oft den Anstoß von außen, dass uns ein Freund zuspricht: „Du schaffst das!" oder eine Therapeutin uns erneut ermutigt: „Vertrauen Sie auf Ihre eigenen Kräfte! Versuchen Sie es noch einmal und immer wieder!" Nichts anderes tut Jesus im Evangelium, wenn er dazu auffordert: „Steh auf, nimm deine Bahre und geh umher!" So verstanden korrespondiert die Frage *Willst du gesund werden?* mit der Frage: Adam, wo bist du? Was sucht ihr? Gesundwerden ist immer auch eine Frage des gezielten Suchens, des Wollens und der eigenen Verantwortung, ohne dass einem dadurch die Leiden oder das Handicap genommen werden. Vielmehr gilt es, trotz allem berechtigtem Hadern und Klagen sensibel dafür zu bleiben, was unser Anteil zur Gesundung ist, sodass wir uns nicht durch die Krankheit und das Mitleid definieren.

Sich „gesund" seinen Leiden zu stellen, so wie es uns unser Mitbruder vorlebt, entspricht benediktinischer Spiritualität. In unserer Regel wünscht der heilige Benedikt, dass erkrankte Mitbrüder alle Vorzüge, die der Genesung oder Linderung von Schmerzen dienen, erhalten. (Vgl. RB 36) So dürfen sie etwa zur Stärkung Fleisch essen, Bäder nehmen und sollen liebevoll gepflegt werden. Der heilige Benedikt zeigt viel Empathie für die Erkrankten und ist sich bewusst, dass jeder Mönch ein „Schwacher", ein *infirmus* ist, wie es im Lateinischen heißt. Allerdings warnt der Mönchsvater auch die Kranken vor übertriebenen Ansprüchen, durch die sie die Pfleger traurig machen könnten, sodass bei ihnen der Geduldsfaden reißt. Die Kranken sollen nicht ihr Umfeld krank machen, könnten wir sagen. Auch hier stellt sich die Frage: Will ich aufgrund meiner Einschränkungen bedient werden und die Vorzüge der Krankheit genießen oder will ich meinen Beitrag zur Genesung leisten?

Die Frage, *Willst du gesund werden?*, hat es, wie wir sehen, in sich. Sie appelliert an eine gesunde Lebenseinstellung und damit auch an einen gesunden Lebensstil. Im Hinblick auf mögliche schwere und chronische Krankheiten, wie es uns durch den Mann im Evangelium vor Augen geführt wird, ist es nicht die Frage: Warum bin ich krank geworden? Diese Frage werden wir letztlich nie beantworten können. Mit Blick auf Krankheiten und Leiden bleibt Gott uns unverständlich und fragwürdig, wie wir noch in anderen Szenen feststellen werden. Eine gesunde Lebenseinstellung wird früher oder später die Frage nach dem „Warum?" durch die Frage nach dem „Wozu?" ersetzen: Wozu bin ich krank geworden? Welche neuen Lebensfelder eröffnet mir meine Krankheit? Kann ich in meinen Schwachstellen Gott suchen, die Frage nach ihm leben? Wie kann ich so ansatzweise von der Lähmung zur Bewegung finden? Freilich ist der Weg dorthin oft weit und zuweilen sehr steinig, wenn eine schwere Krankheit einem die eigenen Zukunftspläne durchkreuzt oder wir im Alter mit Leiden und Einschränkungen konfrontiert werden. Aber irgendwann gilt es, den Schalter umzulegen, wie man sagt, und sich aktiv mit seinen Schwächen auseinanderzusetzen.

Dann kann sich etwas bewegen. Die Frage, *Willst du gesund werden?*, gilt somit auch für unsere Spiritualität und die Gottesbilder, die dahinter stehen. Hin und wieder begegnen mir Erkrankte mit einer ungesunden Opferspiritualität. Die Krankheit wird Gott als Gabe dargebracht. Zum Heil der bösen Welt oder eines Menschen, der sich von Gott durch sein sündhaftes Leben entfernt hat, opfere ich meine Krankheit auf. Doch welches Gottesbild steht dahinter? Was ist das für ein Gott, der mir ein Leiden auferlegt, damit ich ihm dieses opfern oder schenken kann, um etwas wiedergutzumachen und ihn zu besänftigen, damit er seinen Zorn über die Sündhaftigkeit der Welt mildert? Jesus dagegen zeigt, dass es ihm darum geht, nicht krankmachend, sondern heilend mit den Weisungen Gottes umzugehen, wenn er am Sabbat einen Menschen aufrichtet. Die Frage, *Willst du gesund werden?*, spiegelt also das Bild eines Gottes, der die Gesundheit und Gesundung von uns Menschen will. Warum Gott Erkrankungen und Leid zulässt – also die Frage nach der Theodizee –

werden wir letztlich nicht beantworten können; sie rührt an sein unergründliches Geheimnis.

Die Krankenheilungen im Johannesevangelium sind machtvolle Zeichen dafür, dass sich Gott nicht mit dem Leid und auch nicht mit dem Tod abfindet. Er will die ganzheitliche Gesundheit und das Leben von uns Menschen. Wenn wir also achtsam für unsere Gesunderhaltung sorgen, indem wir auf eine gute Ernährung achten, uns durch Sport fit halten, keinen Raubbau mit unserem Körper treiben, regelmäßig den Arzt besuchen und uns Zeiten der Erholung gönnen, beantworten wir Jesu Frage an den Gelähmten positiv. Mich beeindruckt immer wieder, mit welcher Konsequenz Menschen beispielsweise regelmäßig Fitnessstudios besuchen, zum Joggen gehen oder sich auf andere Weise beweglich halten. Wenn dieses Training nicht einem selbstverliebten Körperkult frönt, sondern die Gesunderhaltung und unser Wohlbefinden stärkt, gleicht es in gewisser Weise unserem Chorgebet, das unserem Seelenheil dienen soll. Mit Blick auf Jesu Frage, *Willst du gesund werden?*, und seine Aufforderung, „Steh auf, nimm deine Bahre und geh umher!", können wir eine ganzheitliche Spiritualität der Beweglichkeit entwickeln, ist uns doch die Sehnsucht nach anhaltender Vitalität ins Herz geschrieben. Schließlich heißt Askese nichts anderes als Übung, also Training. Ich bin überzeugt, je nachdem, wie man Sport betreibt, kann uns auch dieser in seinen vielfältigen Ausdrucksformen dem Geheimnis Gottes näher bringen. Von Gott kommt das Leben; er ist Vitalität in Fülle. Sport hilft uns, körperlich und geistlich beweglich zu bleiben. Er kann uns sogar eine Hilfe sein, die Gottsuche kontinuierlich zu betreiben.

In unserer Andechser Wallfahrtskirche ist im Deckenfresko zwischen den beiden Eingängen, also dort, wo die Wallfahrer die Kirche durchschreiten, die Heilung des Gelähmten am Teich Betesda dargestellt. Mit all dem, was die Besucher der Kirche niederdrückt und lähmt, was sie an Anliegen und Sorgen mit sich tragen und hier vor Gott bringen, wird ihnen hier die Frage gestellt: *Willst du gesund werden?* Eine Wallfahrt ist Bewegung, die sich trotzig gegen das Leid stellt und sich mit diesem nicht abfindet, sondern das Leben selbst in die Hand nimmt und das Leid vor Gott bringt, in Gottes Hände legt. Wahrscheinlich ist das bereits der erste Schritt zur Gesundung.

Die Frage, *Willst du gesund werden?*, ist eine Frage nach der eigenen Lebendigkeit und Beweglichkeit im eigentlichen und übertragenen Sinn. In meiner physischen, aber auch in meiner psychischen und spirituellen Vitalität kann ich Gott suchen und sein Geheimnis entdecken und die Frage nach ihm leben. Aber will ich dafür Verantwortung übernehmen gemäß der Eingangsfrage: Adam, wo bist du? Was sucht ihr?

Kapitel 4
Mein Mangel als Gottesfrage

Das Engagement von Greta Thunberg, der 17-jährigen Klimaschutzaktivistin aus Schweden, beeindruckt viele. Mit ihrer Aktion *Fridays for Future* motiviert sie seit Sommer 2018 weltweit Schülerinnen und Schüler, für ihre Zukunft auf die Straße zu gehen und für einen globalen Wandel in der Klimapolitik zu demonstrieren. Wie so oft begann alles im Kleinen: Am ersten Schultag nach den Sommerferien, am 20. August 2018, stellte sich Greta Thunberg mit einem Protestschild, das die Aufschrift trug „Schulstreik für das Klima", vor den schwedischen Reichstag und wiederholte diese provokante Aktion täglich bis zur Wahl des schwedischen Reichstags am 9. September 2018. Freilich stieß ihr Protest nicht nur auf Gegenliebe. Vielmehr wurde ihr Tun von Anfang an als Rechtswidrigkeit verurteilt, weil sie dem Schulunterricht fernblieb. Ebenso wurden ihre Ansichten als infantile Träumereien ins Lächerliche gezogen. Die Tragweite ihrer Aktion wurde infrage gestellt und dahinter eine jugendliche Ideologie oder Naivität ohne jeglichen Realitätssinn für die Komplexität jener diffizilen Strukturen, die die Weltwirtschaft prägen, vermutet. Inzwischen ist jedoch Greta Thunbergs mutiges und entschiedenes Engagement zur globalen Bewegung angewachsen und man kann gespannt sein, ob daraus eine Art neue Friedensbewegung entstehen wird, die junge Menschen motiviert, auf kreative Weise politisch tätig zu werden.

Die Demonstrationen legen den Finger in so manche Wunden unserer Wohlstandsgesellschaft. Schon so manches Mal hörte ich in dieser oder ähnlicher Weise, dass wir uns, wie in der Endphase des römischen Reiches, an „Brot und Spiele" gewöhnt hätten und „wohlversorgten Sklaven" gleichen würden. Man müsse nur darauf achten, wie gesättigt unsere Gesellschaft sei und welch Aufwand betrieben würde, um breite Teile der Bevölkerung kontinuierlich zu „bespaßen". Die Bereitschaft hingegen, für die Öffentlichkeit Verantwortung zu übernehmen, gehe in unserem Land kontinuierlich zurück. Manche denken in erster Linie an sich: Hauptsache ich bin gut versorgt, habe eine schöne Wohnung, kann mir zwei Mal im Jahr einen Urlaub leisten und habe auch ansonsten genug Spaß im Leben. Was soll ich mir da noch den Ärger antun, mich in der Politik zu engagieren oder gesellschaftlich Verantwortung zu übernehmen, zumal sich eh nicht viel ändern lässt?! Und überhaupt, was kümmern mich die Generationen, die nach mir kommen? Solche und ähnliche Argumente höre ich immer wieder, vor allem wenn das Thema auf die Klimapolitik und *Fridays for Future* kommt. Und dennoch spüren wir, dass es so nicht weitergehen kann.

Da sind die apokalyptischen Zukunftsprognosen in Bezug auf den Klimawandel und die daraus resultierenden tief greifenden Veränderungen des Lebens auf unserem Planeten. Schon jetzt sind in den Nachrichten schreckliche Bilder von Menschen zu sehen, die aus ihren Heimatländern fliehen, weil ihnen anhaltende Dürren, Heuschreckenplagen oder heftige Überschwemmungen ihre Lebensgrundlage entzogen haben. Hinzu kommen zahlreiche Konfliktherde und Krankheiten und Pandemien, die sich immer mehr ausbreiten. Experten gehen davon aus, dass dies alles bisher nur der Anfang der Massenmigration ist. In immer mehr Ländern sind zudem neue

Tendenzen zu extremistischen Nationalismen zu beobachten, die ein Zusammenleben in Vielfalt negieren und Rassismen befeuern. All diese Stichworte zeigen, wie rasant sich die Welt verändert. Die Menschheit steht vor gewaltigen Problemen, die letztlich nur gemeinsam bewältigt werden können.

Erschwerend kommt hinzu, dass die westlichen Demokratien und ihre jahrelang gepflegte Bündnis- und Entwicklungspolitik immer häufiger infrage gestellt werden. Dabei wird oft mit Eigeninteressen argumentiert und ich habe den Eindruck, dass es allein um das Wohl und vor allem den Wohlstand des eigenen Landes geht, der geschützt, bewahrt und am besten noch gesteigert werden soll. Sicherlich ist diese Darstellung sehr vereinfacht. Die Grundsituation führt jedoch zu einer gewissen Hilflosigkeit des Einzelnen, der das Gefühl bekommt, dass er selbst gar nichts daran ändern kann. Aus diesem Gefühl kann schnell die Sehnsucht nach einem starken Mann erwachsen, nach einer charismatischen Persönlichkeit, die die Sache in die Hand nimmt und alles in Ordnung bringen kann. Solche Sätze und Argumentationen machen mich hellhörig, denn ganz so einfach ist es eben nicht. Meines Erachtens braucht es ein grundlegendes Umdenken, einen fundamentalen Gesinnungswandel, der von vielen mitgetragen werden muss. Wir benötigen neue Ansätze, die nicht auf gewohnte Art und Weise die Probleme angehen, sondern aus neuen Perspektiven auf die Dinge blicken und kreativ an die Herausforderungen herangehen.

Möglicherweise hat Greta Thunberg mit ihrer zunächst kleinen Aktion vor dem schwedischen Reichstag eine gewaltige Bewegung angestoßen. Wir wissen es noch nicht, aber sie und die vielen anderen Jugendlichen und jungen Erwachsenen haben zumindest einen Prozess der Gewissensprüfung in Gang gesetzt. Wir spüren: So wie es war, kann es nicht weitergehen. Vielleicht müssen wir ganz neu lernen, die Probleme auf unserer Erde aus der Perspektive der Kinder und Jugendlichen zu betrachten, um zu realisieren, wie die Zukunft aussehen könnte. Letztlich fordern sie uns auf, unser Gewissen zu prüfen und unser Alltagshandeln und unseren Lebensstil zu hinterfragen. Nichts anderes tut Jesus, wenn er seinen Jüngern eine Art Testfrage stellt: „Wo sollen wir Brot kaufen?"

Wo sollen wir Brot kaufen?

Danach ging Jesus an das gegenüberliegende Ufer des Sees von Galiläa, des Sees von Tiberias. Es folgte ihm eine große Menge, weil sie die Zeichen sahen, die er an den Kranken tat. Jesus stieg auf den Berg hinauf und setzte sich dort mit seinen Jüngern nieder. Das Pascha, das Fest der Juden, war nahe. Als Jesus aufblickte und sah, dass eine große Volksmenge zu ihm hinströmte, sagte er zu Philippus: Wo sollen wir Brot kaufen, damit diese Leute zu essen bekommen? Das sagte er aber, um ihn auf die Probe zu stellen. Denn er selbst wusste, was er tun wollte. Philippus antwortete ihm: Brot für zweihundert Denare reicht für sie nicht aus, wenn jeder auch nur ein kleines Stück bekommen soll. Einer von seinen Jüngern, Andreas, der Bruder des Simon Petrus, sagte zu ihm: Es ist ein Junge da, der fünf Gerstenbrote hat und zwei Fische. Aber was ist das für so viele? Jesus sagte: Lasst die Leute sich lagern! Es gab nämlich viel Gras an dem Ort. Sie lagerten sich also; es waren etwa fünftausend Männer. Dann nahm Jesus die Brote, sprach das Dankgebet und verteilte sie an die Lagernden; ebenso auch von den Fischen, so viel sie wollten. Als sie satt waren, sagte er zu seinen Jüngern: Sammelt die übrig gebliebenen Brocken, damit nichts verloren geh! Da sammelten sie und füllten zwölf Körbe mit Resten von den fünf Gerstenbroten, die beim Essen übrig geblieben waren. Als die Leute das Zeichen sahen, das er getan hatte, sagten sie: Das ist wahrhaftig der Prophet, der in die Welt kommen soll. Da merkte Jesus, dass sie kommen und ihn ergreifen würden, um ihn zum König zu machen. Daher zog er sich wieder auf den Berg zurück, er allein.

Joh 6,1–15

Die Episode von der wunderbaren Brotvermehrung am See Genezareth ist neben dem Bericht über die Taufe Jesu und der Passionserzählung die einzige, die in allen vier Evangelien überliefert wird. Im Markus- und Matthäusevangelium findet sie sich sogar zweimal. Damit wird unterstrichen, wie wichtig die Erzählung für die ersten Christen war und dass sie ein wesentliches Element der Frohen Botschaft des Jesus von Nazaret beinhaltet. Weil das Johannesevangelium keinen Bericht vom letzten Abendmahl überliefert, kommt der Brotvermehrung in diesem Evangelium eine besondere Bedeutung zu. Manche Exegeten meinen sogar, dass sie an Stelle des Abendmahls zu sehen sei. Auch weicht die Darstellung im Vierten Evangelium von den drei anderen in kleinen, aber beachtenswerten Details ab. In der Abfolge der sieben Zeichen ist es nach der Weinwandlung sowie zwei Krankenheilungen das vierte Zeichen und damit das mittlere Zeichen. Jesus ist offensichtlich auf dem Höhepunkt seines Erfolgs. Seine spektakulären Krankenheilungen haben solche Sensationslust geweckt, dass die Menschen ihm zu Tausenden folgen. Sie wollen Zeugen weiterer wunderbarer Ereignisse sein. „Messianisches Fieber" breitet sich aus, wie im Bibelkommentar von Johannes Beutler (*1933) zu lesen ist. Doch gerade das möchte Jesus nicht. Er will keine kurzfristige Massenbewegung aufgrund von spektakulären Wundern erzeugen; seine Zeichen sollen nachhaltig wirken. Sie sind nicht billige Werbung für seine Botschaft, sondern sagen etwas Substanzielles über seine göttliche Wirklichkeit aus, nämlich dass in ihm der Vater wirkt und sichtbar wird. Wer seine Zeichen richtig versteht, kommt zum Schluss, dass der Sohn ganz der Vater ist oder wie es Jesus ins Wort bringt: „Ich und der Vater sind eins." (Joh 10,30) Darauf verweist eindrücklich nun das vierte Zeichen.

Eigens erwähnt das Johannesevangelium, dass die Brotvermehrung vor dem Paschafest stattfindet, vor dem Fest, an dem Israel seiner Befreiung aus der ägyptischen Gefangenschaft gedenkt. Ursprünglich handelte es sich wohl um ein Nomadenfest anlässlich des Frühlingsvollmonds. Es markiert den Übergang von der Winter- zur Sommerzeit. Von nun an konnten die Hirten ihr Winterlager nah bei den Siedlungen und Städten verlassen und wieder hinausziehen in die Weite der Steppen. Sie konnten die Enge der Städte hinter sich lassen und erneut ihre Freiheit genießen. Das Motiv der Freiheit und der Ungebundenheit zeigt, dass das Pascha schon früh als ein Fest des Übergangs von der Gefangenschaft in die Freiheit gefeiert wurde. Es ist das Fest des Aufbruchs in eine ungewisse Zukunft, wie es die lange Wüstenwanderung der Israeliten ins Bild bringt. Pascha ist ebenso das Fest des Vertrauens, dass Gott sich wie ein guter Hirte liebevoll um sein Volk kümmert. Auf dem Sinai übergibt er Mose die Zehn Gebote als Wegweisungen zu einem Leben, das im Einklang mit Gott steht und dem Frieden untereinander dient. In der Wüste versorgt Gott sein Volk mit Wasser, Fleisch (Wachteln) und Brot (Manna). Das kleine, unscheinbare Volk Israel, das immer unter seinen mächtigen Nachbarn, besonders unter Ägypten gelitten hatte, wurde eindrücklich von Gott erwählt und in die Freiheit geführt.

Wenn es nun im Johannesevangelium heißt, dass sich Jesus auf einen Berg setzt, dann ist er wie Mose der Lehrer Israels, dann ist er die eigentliche Wegweisung entsprechend seiner Selbstaussage: „Ich bin der Weg und die Wahrheit und das Leben." (Joh 14,6) Überhaupt fällt auf, wie souverän Jesus im Unterschied zu den Berichten der anderen Evangelien in dieser Szene auftritt. Er bestimmt den Handlungsbogen. Dies bringt auch die Frage, *Wo sollen wir Brot kaufen, damit diese Leute zu essen bekommen?*, zum Ausdruck. Mit ihr will Jesus seine Jünger testen. Er will ihnen mit dieser rhetorisch gemeinten Frage helfen zu erkennen, worauf es ihm eigentlich ankommt. Ähnlich wie die Fragen Wen sucht ihr? Adam, wo bist du?, dient auch diese zur Standortbestimmung. Indem Jesus vom „Wir" spricht, bezieht er sich selbst auch in diesen Prozess mit ein. Er sieht die vielen Menschen, die nicht aus Glauben, sondern aus Sensationslust zu ihm gekommen sind und letztlich unter spirituellem Hunger leiden.

Wo sollen wir Brot kaufen, damit diese Leute zu essen bekommen? – Die beiden namentlich genannten Jünger reagieren ähnlich auf die Frage Jesu. Philippus handelt pragmatisch. Er rechnet, schaut in den Geldbeutel und kommt zu dem Schluss: Mit den bestehenden Möglichkeiten ist es unmöglich, alle satt zu bekommen. Das Geld reicht nicht für ein Essen mit so vielen aus. Daher rät er, die Idee, für alle Brot zu kaufen, zu verwerfen. Auch Andreas nimmt ähnlich wie Philippus eine realistische Position ein. Er weist zwar auf einen kleinen Jungen hin, der fünf Gerstenbrote und zwei Fische bei sich hat, muss aber etwas ratlos eingestehen: „Aber was ist das für so viele?"

Es ist interessant, dass das Kind mit den Broten und den Fischen nur im Johannesevangelium vorkommt. Als Leser fragt man sich, wer dieser kleine Junge ist und wo er herkommt. Wir wissen es nicht. Vielleicht hat es den Jungen gar nicht gegeben und er steht symbolisch für das Kind im Herzen des Andreas. Vielleicht drückt sich in diesem Kind seine

Sehnsucht aus, aus seinem Leben etwas Großes entstehen zu lassen, ganz so wie Kinder hin und wieder träumen: „Wenn ich einmal groß bin, dann ...". Möglicherweise zeigt sich in diesem kleinen Jungen ein kindliches Gottvertrauen gepaart mit Zweifeln, die sagen: Ich kann dir, Jesus, zwar meine fünf Brote und meine zwei Fische geben, also meinen Lebensproviant anbieten. Aber was ist das für so viele? Allerdings, das können wir auch feststellen, sind für ein kleines Kind fünf Brote und zwei Fische recht viel. Mit dem Hinweis auf den kleinen Jungen zeichnet das Johannesevangelium ein Gegenbild zum erwachsenen Kalkulieren der beiden Männer. Oder wie wir auch sagen könnten: Kindlicher Glaube und Vertrauen, das sich im Teilen zeigt, werden durch das Kaufen und Berechnen, wie wir es als Erwachsene gewohnt sind, auf die Probe gestellt. Es geht nicht um ein vordergründiges Versorgen der Menschen. Fünf Brote und zwei Fische können sehr viel sein, wenn Gott das Seine hinzulegt. Es ist auffällig, dass Jesus Philippus nicht fragt „Wo kannst *du* Brot kaufen?", sondern „Wo können *wir* Brot kaufen?" Gott und Mensch braucht es zusammen, damit aus kleinen Anfängen etwas Großartiges werden kann, so lautet in meinen Augen die Quintessenz des Lehrstücks, das Jesus seinen Jüngern präsentiert. Das erinnert wiederum auch an das erste Zeichen bei der Hochzeit in Kana (vgl. Kap. 2). Im Hinweis auf den kleinen Jungen drückt sich die Bereitschaft aus, das eigene, das immer begrenzt sein wird, im kindlichen Vertrauen anzubieten, sodass Gott das Seine dazulegen kann. Vielleicht nimmt so die Szene Bezug auf die Überlieferungen in den anderen Evangelien, in denen Jesus seine Jünger dazu auffordert, wie die Kinder zu werden, da ihr Vertrauen vorbildlich ist. (Vgl. Mk 18,3).

Eigens verweist das Johannesevangelium darauf, dass sich am Seeufer eine große Grasfläche befindet, auf der sich die Menschen niederlassen sollen. Zu Recht sehen darin manche Exegeten eine Anspielung auf Psalm 23. Gott wird hier als der gute Hirte beschrieben, der sein Volk auf grüne Weiden führt und es großzügig mit allem versorgt, was es zum Leben braucht. Das erinnert auch an die Ursprünge des Paschafestes. Durch Jesus kommt es zum Weidenwechsel, sodass er ein paar Kapitel später im Johannesevangelium von sich selbst sagen kann: „Ich bin gekommen, damit sie das Leben haben und es in Fülle haben. Ich bin der gute Hirt." (Joh 10,10f)

Einem jüdischen Hausvater gleich spricht Jesus das Dankgebet über das Brot und bringt damit den Glauben zum Ausdruck, dass alles, was wir haben, Gottes Geschenk ist. In dieser Haltung verteilt er die Brote und die Fische. Im Unterschied zu den anderen Evangelien, in denen die Jünger diese Aufgabe übernehmen, gibt Jesus selbst die Brote aus. Diese kleine, aber tiefsinnige Geste, die man sehr schnell überlesen kann, veranschaulicht, dass nach dem Verständnis des Johannesevangeliums Jesus selbst das lebendige Brot ist, das den Hunger der Menschen stillt. Und alle dürfen davon essen, so viel sie wollen. Nichts wird rationiert, alles wird großzügig gegeben und miteinander geteilt. Am Ende bleiben sogar zwölf Körbe voller Brot übrig. Sie verweisen einmal mehr auf das Leben in Fülle, das Jesus selbst schenkt. Er steht wie Gott für eine Mathematik des Überschusses und nicht der Notwirtschaft und des strengen Kalkulierens. Das ist das Fazit des vierten Zeichens. Die Menschen aber erkennen zunächst nicht die tiefgehende Botschaft der wunderbaren Speisung. Sie wollen Jesus zu ihrem „Brotkönig" machen, damit der Tisch für sie immer reich gedeckt bleibt. Ohne eigenes Zutun wollen sie anhaltend gut versorgt sein. Doch Jesus geht darauf nicht ein und zieht sich in die Einsamkeit eines Berges zurück.

Betrachten wir abschließend einen weiteren Aspekt dieses Zeichens: Im Verlauf des Vierten Evangeliums begegnen wir nochmals dem Jüngerpaar Andreas und Philippus. Die Szene ist kurz vor der Fußwaschung platziert. Einige Griechen, die von Jesus und seinen Taten gehört haben, wollen ihn persönlich kennenlernen. Vielleicht sind auch sie von Sensationslust getrieben. Das wissen wir nicht. Bereitwillig tragen Andreas und Philippus den Wunsch an Jesus heran. (vgl. Joh 12,20–26) Doch er geht nicht näher darauf ein, sondern antwortet: „Die Stunde ist gekommen, dass der Menschensohn verherrlicht wird. Amen, amen, ich sage euch: Wenn das Weizenkorn nicht in die Erde fällt und stirbt, bleibt es allein. Wenn es aber stirbt, bringt es viele Frucht." (Joh 12,23f) Im Bildwort vom Weizenkorn, das mit der Brotvermehrung korrespondiert, bündelt sich der Sinn seiner Sendung. Hierin findet sich auch die Antwort auf die Frage, *Wo sollen wir Brot kaufen, damit diese Leute zu essen bekommen?* Es ist die Hingabe des kleinen Weizenkorns, die reiche Frucht bringt, und nicht der Einkauf nach nüchterner Kalkulation. Das Zeichen der Brotvermehrung veranschaulicht, was Hingabe alles hervorbringen kann und wenn es sich dabei nur um fünf Brote und zwei Fische handelt. Damit aber werden auch wir auf die Probe gestellt: Adam, wo bist du? Was bist du bereit zu geben? Was suchst du mit deinen Gaben zu erreichen? Was ist deine Sendung und Lebensaufgabe? Wofür gibst du das Weizenkorn deines Lebens?

Einsatzfreudig leben

„Es geht nicht um die Masse, es geht um den Menschen!" Diesen Satz hat mir eine Ordensschwester mit auf den Weg gegeben, die viele Jahrzehnte in der Krankenpflege segensreich gewirkt und unzähligen Menschen Gutes getan hat. Stets versuchte sie, den konkreten Menschen in seiner Not zu sehen und ihm zu helfen, so wie es ihr möglich war. Seither begleitet mich dieser Satz und war mir schon oft Trost, wenn das Lied des „Immer-weniger" gesungen wird. Immer weniger Kirchenbesucher, immer weniger Taufen, immer weniger Glaubenssubstanz usw. werden beklagt; ebenso die Schaffung von immer größeren Seelsorgeräumen, in denen mit immer weniger Seelsorgern die pastorale Arbeit flächendeckend zu organisieren ist. Ja, was könnten wir alles tun, wenn wir nur mehr wären?! „Sind wir aber nicht!", gebe ich, manchmal nur in Gedanken, zur Antwort. „Es genügen die, die da sind und sich engagieren!"

Das Zeichen der Brotvermehrung und die Frage, *Wo sollen wir Brot kaufen, damit diese Leute zu essen bekommen?*, stellt sich der konkreten Situation. So wie Jesus seine Jünger erprobt, prüft er auch uns. Ohne Frage sind Planung, Organisation und Kalkulation wichtig. Bisweilen sind sie auch bitter notwendig, wenn es etwa darum geht, die bestehenden personellen und finanziellen Mittel so einzusetzen, dass man nicht in eine wirtschaftliche Schieflage gerät, die die nachfolgenden Generationen schwer belasten könnte. Aber bei all dem gilt es, das Wesentliche nicht aus dem Blick zu verlieren. „Es geht nicht um die Masse, es geht um den Menschen!" – Gott kann aus Kleinem Großes schaffen. Davon ist das Johannesevangelium überzeugt. Es genügt ein Weizenkorn, das in die Erde gelegt wird und durch seine Hingabe reiche Frucht bringt. Es genügen fünf Brote und zwei Fische, die geteilt werden, damit alle satt werden und noch im Überfluss übrigbleibt. Es genügt eine Jugendliche, die treu vor dem Parlament demonstriert und durch ihren Einsatz für den Klimaschutz andere motiviert, ihren Lebensstil zu überdenken. Die Not der Welt stellt uns vor gewaltige Herausforderungen. Letztlich können sie nur dann angegangen und vielleicht gelöst werden, wenn Menschen beginnen, Verantwortung übernehmen und mit ihren Möglichkeiten ihren Beitrag leisten. Eigentlich war das schon immer so und es wird auch in Zukunft so bleiben. Es braucht Menschen, die im (kindlichen) Vertrauen, dass es durch ihren Einsatz besser werden kann, das Ihre geben; die sich mit großem Idealismus für ihren Traum einbringen, auch wenn ihr Beitrag noch so gering erscheint. Es beeindruckt mich, wie sich z. B. Frauen und Männer seit Jahren ehrenamtlich in Asylbewerberheimen engagieren, mit den Kindern Hausaufgaben machen und mit ihnen die deutsche Sprache lernen, bei Behördengängen helfen oder Formulare ausfüllen. Sie beginnen mit ihren Möglichkeiten, etwas zum Guten zu verändern. Das ist mehr als der Tropfen auf den heißen Stein. Hier geht es um den konkreten Menschen. Ich glaube, jeder Einzelne von uns sollte sich immer wieder neu fragen: Welchen Anteil habe ich an den Herausforderungen unserer Zeit? Wo bin ich mit meinem Engagement gefragt? Kann ich in diesen Anfragen Gottes Spur entdecken? Die meisten Probleme lassen sich nicht allein mit Geld lösen. Wir können uns von ihnen auch nicht loskaufen, auch wenn wir das Kapital dazu hätten, oder sie an die Politik delegieren. Die Sehnsucht, die immer wieder in der Gesellschaft aufkeimt, die eigene Verantwortung an einen starken Mann, wie an einen „Brotkönig" zu übergeben, könnte eine Erprobung Gottes sein. Er fordert uns auf: Werde du deiner Verantwortung gerecht mit den Möglichkeiten, die du hast. Dein Einsatz ist gefragt!

In unserer Regel legt der heilige Benedikt uns Mönchen auf besondere Weise die Gastfreundschaft ans Herz. (Vgl. RB 53) In jedem Fremden, der kommt, wird Christus aufgenommen, so seine Überzeugung, die im Evangelium gründet. (Vgl. Mt 25,35) Daher soll jeder Mönch jedem Gast mit Menschlichkeit begegnen. Der Abt und die Gemeinschaft sollen dem Gast die Füße waschen, mit ihm beten, mit ihm essen und sogar für ihn das Fasten brechen. Dabei verweist der heilige Benedikt ausdrücklich darauf, dass man sich besonders um die Armen und Pilger sorgen soll, denn der „Terror der Reichen" verschaffe sich von selbst Gehör. Diese Worte stimmen nachdenklich, weil sie auch heute noch so zutreffend sind. Zum einen gilt es, sensibel zu bleiben für die, die scheinbar nichts als Gegengabe für die Gastfreundschaft aufweisen können. Manchmal ist es ein Wort, ein Kompliment oder auch eine kritische Ermunterung, die uns weiterbringen. Gerade in sogenannten armen Ländern wird oft auf besonders herzliche Weise die Gastfreundschaft gepflegt und Türen geöffnet, sodass aus Fremden schnell Freunde werden können. Zum anderen sind wir aufgrund unseres Wohlstandes bisweilen versucht, unsere Vorteile aus erwiesener Gastfreundschaft zu erzielen. Wie einfach ist es beispielsweise, sich durch eine großzügige Spende (die zudem noch von der Steuer abgesetzt werden kann) sich Ansehen und Gunst zu erkaufen und dadurch neue Abhängigkeiten zu schaffen?! Manche Spender erwarten implizit Gegenleistungen für ihr finanzielles Engagement. Das kann der Wunsch sein, mit besonderer Wertschätzung begrüßt und erwähnt zu werden, oder die ein oder anderen Privilegien genießen zu können. Manchmal wird nüchtern kalkuliert, wie erwiesene Gunst zum eigenen Vorteil werden kann. Zugleich kann die Spende zur Beruhigung des eigenen Gewissens dienen, denn man hat ja seinen Teil gegeben. Ich kann das alles nachvollziehen und finde jede Spende, unabhängig von der Summe, anerkennenswert. Ich denke aber auch, dass es wenig mit Einsatzfreude zu tun hat, wenn die Spende nicht von Herzen gegeben wird, um damit wirklich etwas Gutes zu tun. Auch diese Gedanken schwingen mit, wenn ich mich mit der Frage auseinandersetze: *Wo sollen wir Brot kaufen, damit diese Leute zu essen bekommen?*

Hingabe ist ein Schlüsselwort für die Sendung Jesu, wie es das Zeichen der Brotvermehrung und das Bild vom Weizenkorn veranschaulichen. Sie hat etwas mit Lebensaufgabe zu tun. Dabei kann uns das erwähnte Beispiel Greta Thunbergs weiterhelfen. Klimaschutz beginnt im Kleinen, wenn ich darauf verzichte, mit dem Auto in die Arbeit zu fahren und stattdessen öffentliche Verkehrsmittel oder das Fahrrad nutze. Er zeigt sich im Verzicht auf Lebensmittel, die aus fernen Ländern mit dem Flugzeug importiert werden, oder darin, dass ich weniger Fleisch esse. „Das Klima kann sich ändern. Du dich auch?" – Diese Frage steht als Graffiti aufgesprayt an einer Betonwand eines Münchner S-Bahnhofs. Der Einsatz meiner fünf Brote und zwei Fische ist gefragt!

Es beeindruckt mich immer wieder, mit welch großem Engagement sich Menschen generationsübergreifend in Sportvereinen, bei den Feuerwehren, in Chören usw. engagieren, um für andere Menschen da zu sein, ihnen zu helfen oder ihnen einfach eine Freude zu machen. Der heilige Benedikt empfiehlt ausdrücklich, dass der Abt in seiner Gemeinschaft den Rat aller einholen soll. Dabei verweist er besonders auf die Jüngeren im Kloster, weil der Herr durch sie oft zeige, was das Bessere ist. (Vgl. RB 3) Gott offenbart durch die Jugend, was das Bessere ist. Kinder und Jugendliche haben noch Ideale und ein recht klares Bild von einer besseren Welt. Häufig sind uns diese Ideale als Erwachsene abhandengekommen, weil wir uns eingerichtet haben und bequem geworden sind. Manchmal geht es uns wie den Jüngern, die resigniert feststellen: Was ist das schon, für so viele?! Dabei übersehen wir, dass viele Erneuerungen im Kleinen begonnen haben und mit viel Geduld und Ausdauer letztlich Schritt für Schritt durchgesetzt werden konnten. Daher kann es sehr hilfreich sein, auf Kinder und Jugendliche zu hören. Das gilt auch für unser inneres Kind, das uns an unsere Träume und Ideale von einer besseren Welt erinnert, die wir einst einmal gehegt haben. Gott genügt ein kleiner Junge mit fünf Broten und zwei Fischen, um das Wunder der Mit-Teilung zu beginnen und alle satt werden zu lassen. Ich bin überzeugt davon, dass junge Menschen Botschafterinnen und Botschafter Gottes sein können, durch die er unser Gewissen auf die Probe stellt. In diesem Zusammenhang ist es interessant, dass sich unser deutsches Wort Gewissen vom lateinischen Begriff *conscientia*, bzw. vom Griechischen *syneidesis* ableitet. Beides meint so viel wie „Mitwissen" oder „Zusammenschau". Das Gewissen ist somit das gemeinsame Wissen, die Zusammenschau vieler auf das Wesentliche. Wir brauchen das Gewissen der Jugendlichen, bzw. derer, die in ihrem Herzen mit ihren Idealen und Überzeugungen jung geblieben sind. Freilich können sie auch ungemütlich sein und bisweilen über die Stränge schlagen oder gar falsch liegen. Ebenso brauchen diese die realistische Sicht, die Berechnung und Planung der sogenannten Erwachsenen, sodass es zur Zusammenschau kommt, was wirklich möglich ist. Diese gegenseitige Einsatzfreude ist gefragt im Vertrauen darauf, dass auch Gott das Seine hinzugibt. Viele kleine Steine ergeben das Bild des Mosaiks!

Nochmals möchte ich unsere Regel bemühen, in der der heilige Benedikt den Abt auffordert, sich nicht zu viele Sorgen über das möglicherweise allzu geringe Klostervermögen zu machen. „Sucht zuerst das Reich Gottes und seine Gerechtigkeit, und dies alles wird euch dazugegeben" (RB 2,35), lautet sein Rat. Das mag zunächst etwas naiv klingen. Wiederum wird ein kindliches Vertrauen angemahnt, das letztlich das Wesentliche des klösterlichen Lebens, die Gottsuche in den Blick nimmt. Bei allen materiellen Sorgen, die auf einer Gemeinschaft lasten, darf dadurch die Einsatzfreude für das Reich Gottes nicht an den Rand gedrängt werden. Von diesem Zentrum aus können wir auch die Frage nach unserem Unvermögen stellen, nach dem, was uns hemmt, sodass wir ängstlich das Unsere zurückhalten wollen. Dabei kann es hilfreich sein, auf Befürchtungen zu achten, die einen nachts plagen, oder scheinbare Sicherheiten, die mich hemmen, den Aufbruch zum Weidewechsel zu wagen. Wie Philippus und Andreas dürfen wir unsere eigene Ohnmacht ins Wort bringen. Wir dürfen uns eingestehen, dass uns die Not der Welt angesichts ihrer Komplexität überfordert, und sie Gott anvertrauen. Manchmal bete ich einfach: „Es ist deine Welt. Kümmere du dich um sie und zeige mir, wo du meine Hilfe brauchen kannst, auch wenn ich glaube, dass es nicht viel ist, was ich tun kann."

Dabei ist mir Trost und Ermutigung, dass auch die christliche Bewegung einmal klein begonnen hat, mit einem unbedeutenden Wanderrabbi in einem entlegenen Winkel des römischen Reiches. Aber eben dieser hat sich auf den Weg gemacht und war bereit, sein Leben wie ein Weizenkorn hinzugeben, damit es fruchtbar wird. Die Frage, Wofür gebe ich mein Leben hin?, hat Menschen schon immer zutiefst berührt und zu Großem beflügelt. Hingabe hat etwas mit Aufgabe im doppelten Sinn zu tun. Zum einen mit der Frage: Was ist meine Lebensaufgabe? Zum anderen mit der Tatsache: Was bin ich bereit dafür aufzugeben und was möchte ich dafür investieren? Die Frage, *Wo sollen wir Brot kaufen, damit diese Leute zu essen bekommen?*, wird für uns zur Aufforderung, die eigene Lebenssituation zu reflektieren und gegebenenfalls neu nach unserer Bestimmung zu suchen. Vielleicht müssen wir diese „nur" neu freilegen, weil sie im Lauf der Jahre unter den vielfältigen Anforderungen verschüttet wurde oder gar verloren gegangen ist. Vielleicht aber müssen wir sie auch ganz neu definieren. Adam, wo bist du? Was sucht ihr? Wo sollen wir Brot kaufen, damit diese Leute zu essen bekommen? „Gott liebt einen fröhlichen Geber" (RB 5,16; vgl. Lk 10,16), schreibt der heilige Benedikt. Meine Einsatzfreude ist bei Gott gefragt ganz nach dem Grundsatz der Ordensfrau: „Es geht (ihm) nicht um die Masse, es geht (ihm) um den Menschen!"

Kapitel 5
Meine Krisen als Gottesfrage

Am Ende einer Gebetszeit beten wir Mönche: „Der Herr segne uns und unsere abwesenden Brüder!" Gelegentlich muss ich dabei schmunzeln, da ich trotz körperlicher Anwesenheit zu den Abwesenden gehöre. Wie oft bin ich in Gedanken ganz woanders und nicht bei den Texten, die ich gerade bete oder höre. Mitunter bin ich zu müde und bekomme gar nicht mit, was ich spreche. Anwesend abwesend kann ich ebenso in einem Gespräch sein. Zwar höre ich äußerlich dem anderen zu, innerlich aber habe ich, wie man so schön sagt, „auf Durchzug gestellt", weil ich für mein Gegenüber gerade nicht offen bin. Das ist nicht gut, aber ich denke, es passiert uns allen hin und wieder. Ab und zu geschieht es dann auch, dass mein Gesprächspartner mich fragt: „Hörst du mir überhaupt zu?" Es ist der Moment, in dem ich aus meinen eigenen Gedanken gerissen werde und wieder aufmerksamer auf meine Umwelt eingehen kann.

Anwesend abwesend zu sein kann einen inneren Entfremdungsprozess beschreiben. Es gibt dafür verschiedene Beispiele in unserem Leben: Zwar bin ich auf dem Papier noch Mitglied in einem Verein und bezahle regelmäßig die Beiträge, gehe aber nur noch sehr selten hin und habe auch schon lange nicht mehr die Jahresversammlungen besucht, weil mich die Anliegen des Vereins eigentlich nicht mehr interessieren. Anwesend abwesend zu sein kann auch das

Aus einer Beziehung bedeuten. Wenn beispielsweise ein Ehepartner zwar noch zu Hause schläft, aber nicht mehr am familiären Leben teilnimmt, sondern nur für sein Unternehmen lebt und in Gedanken nur noch dort ist. Anwesend abwesend zu sein kann ebenso besagen, dass ich mich zwar als Christ verstehe und meinen Glauben sonntags durch den Kirchgang unterstreiche, aber mein Verhalten ganz und gar nicht mit dem Evangelium übereinstimmt. In all dem wird deutlich: Äußere Anwesenheit, also rein physische Präsenz muss nicht zwingend Ausdruck von innerer Zugehörigkeit sein.

Als Kind wurde ich hin und wieder von Erwachsenen, die nicht genau wussten, aus welcher Familie ich komme, gefragt: „Wem gehörst denn du?" Ja, wem gehöre ich? Die Frage ist nach wie vor nicht einfach zu beantworten. Manchmal bleibt sie offen. „Ich gehöre dorthin, wo ich höre und gehört werde!", sagte einmal ein Referent bei einer Fortbildung im äbtlichen Kreis. Seitdem beschäftigen mich die Fragen: Wo höre ich wirklich? Wer hört mir zu? Wo gehöre ich hin? Sie haben zutiefst mit Gehorsam zu tun, wie wir ihn im ersten Kapitel beschrieben haben, und mit Beheimatung. Unsere Zugehörigkeit zeigt sich in einer Haltung der Offenheit, dann, wenn ich wirklich anwesend bin. Zugehörigkeit zeigt sich in der Freiheit, wenn ich mich bewusst für etwas entscheide; zu etwas Ja oder Nein sage. Diese Zugehörigkeit aus Freiheit wird dann zur Entschiedenheit, wenn ich das, wofür ich mich entscheide, auch wirklich umsetze und lebe. Wenn ich mit vollem Herzen bei einer Sache bin, mich nicht mehr von scheinbaren Nebensächlichkeiten ablenken lasse, dann wird diese Sache zu meiner ganz persönlichen Herzensangelegenheit. Natürlich kann ich dabei auch scheitern und ich muss wieder neu ansetzen, oder ich gelange zur Gewissheit, dass ich mich falsch entschieden habe. Auch das Neujustieren ist ein Aspekt von Zugehörigkeit.

Bisweilen werden wir vor die Wahl gestellt, wohin wir gehören wollen. Die Angebote von Lebensmodellen sind inzwischen vielfältig und oft unüberschaubar. Welches Modell passt zu mir? Was entspricht meinen Werten? Wie gestalte ich mein Leben? Immer wieder werden Entscheidungen von uns gefordert. Dabei wird uns bewusst, dass wir uns auf Dauer nicht alle Türen offenhalten können, so vielversprechend uns das manchmal erscheinen mag. Ich weiß noch, wie ein älterer Mitbruder mich während des Noviziats fragte, ob ich nun den nächsten Schritt wagen und mich durch die zeitliche Profess für drei Jahre binden würde. Ich antwortete damals ausweichend: „Kommt Zeit, kommt Rat und erst kommt's Noviziat!" Der ältere Mitbruder sah mich schmunzelnd an und meinte nur: „Ein bisschen schwanger gibt es nicht!" Er sollte recht behalten. Lebensentscheidungen brauchen Entschiedenheit, dass aus der „Freiheit von etwas" eine „Freiheit zu etwas" wird. Indem ich mich für einen Lebensweg bewusst entscheide und damit eine Vielzahl anderer Möglichkeiten ausschließe, wird dieser Weg zu meinem Weg und ermöglicht mir neue Freiräume, die auf meiner Entschiedenheit fundieren. Daher ist es gut, von Zeit zu Zeit sein Leben zu reflektieren: Wem und wohin gehöre ich? Bin ich in meinem Leben anwesend abwesend oder ganz bei der Sache? Braucht es eine Kurskorrektur oder eine Veränderung? All das konfrontiert uns mit unserer Freiheit, an die Jesus appelliert, wenn er die zwölf Jünger vor die Entscheidung stellt: „Wollt auch ihr weggehen?"

Wollt auch ihr weggehen?

Viele von seinen Jüngern, die das hörten, sagten: Diese Rede ist hart. Wer kann sie anhören? Jesus aber, der selbst wusste, dass seine Jünger darüber murrten, sagte zu ihnen: Daran nehmt ihr Anstoß? Wenn ihr nun den Menschensohn dorthin hinaufsteigen seht, wo er zuvor war? Der Geist ist es, der Leben schafft; das Fleisch nützt nichts. Die Worte, die ich zu euch gesprochen habe, sind Geist und sind Leben. Aber es gibt unter euch einige, die nicht glauben. Jesus wusste nämlich von Anfang an, welche es waren, die nicht glaubten, und wer ihn verraten würde. Und er sagte: Deshalb habe ich euch gesagt, dass keiner zu mir kommen kann, wenn es ihm nicht vom Vater gegeben ist. Von da an zogen sich viele von seinen Jüngern zurück und wanderten nicht mehr mit ihm umher.

Da fragte Jesus die Zwölf: Wollt auch ihr weggehen? Simon Petrus antwortete ihm: Herr, zu wem sollen wir gehen? Du hast Worte des ewigen Lebens und wir haben geglaubt und erkannt, dass du der Heilige Gottes bist. Jesus erwiderte ihnen: Habe ich nicht euch, die Zwölf, erwählt? Und doch ist einer von euch ein Teufel. Er meinte damit Judas, den Sohn des Simon Iskariot. Dieser sollte ihn nämlich verraten – einer der Zwölf.

Joh 6,60–71

Die vorliegende Szene schließt an die sogenannte Brotrede an. (Vgl. Joh 6,22–59) Darin fordert Jesus seine Zuhörer auf, sein Fleisch zu essen und sein Blut zu trinken. Nur dann hätten sie lebendige Gemeinschaft mit ihm. Diese Anweisung wortwörtlich genommen weckt verständlicherweise Widerstände. Was soll das?! Will er etwa zum Kannibalismus und heidnischen Opferriten auffordern, bei denen Menschenblut getrunken wird? Aufgebracht wenden sich viele seiner Anhänger von ihm ab. Auch manchen Jüngern gehen diese Worte zu weit. Sie empfinden es als unerträglich, oder wie es wörtlich aus dem Griechischen übersetzt heißt: „Hart ist dieses Wort!"

In diesem Satz wird der Begriff *logos* verwendet. Dieser erinnert an den Prolog des Johannesevangeliums, in dem die Menschwerdung Jesu als Fleischwerdung des *Logos* beschrieben wird. (Vgl. Joh 1,14) Wenn nun ein Großteil seiner Jünger den *Logos* ablehnt, dann lehnen sie zugleich Jesus ab. Letztlich können sie nicht mehr glauben, dass in Jesus Gott selbst Mensch geworden ist, ja, dass er der Sohn Gottes ist. So murren sie gegen ihn, was an das Murren des Volkes Israel in der Wüste erinnert. (Vgl. Ex 15; 16) Jesus nimmt diese ablehnende Haltung wahr und hakt nach: „Daran nehmt ihr Anstoß?", fragt er und man könnte meinen, er ist darüber verwundert. Im Griechischen ist vom *skandalon*, vom Ärgernis die Rede. Wenn nun Jesus als Menschensohn von seiner göttlichen Herkunft spricht und davon, dass er zu Gott zurückkehren wird, verweist er neben der Menschwerdung zugleich schon auf das Ärgernis des Kreuzes. Der Grundduktus des Johannesevangeliums zielt auf den Tod Jesu. Erst wenn Jesus am Kreuz erhöht wurde, ist allen klar, dass er der Sohn Gottes ist, der den Menschen heimholt zu Gott. (Vgl. Joh 12,32) Die Zugehörigkeit zu ihm, das Essen seines Fleisches und das Trinken seines Blutes im eucharistischen Mahl, ist Garantie für dieses neue Leben.

Dabei nutzt Jesus die Krisensituation und legt dar, was „glauben" für ihn bedeutet: Mit den Augen des Geistes gilt es, das Vordergründige, was Jesus mit „Fleisch" bezeichnet, auf das Eigentliche zu durchschauen. Er will den Blick für das Wesentliche schärfen, wenn er darauf verweist, dass der Geist lebendig macht. Mit Hilfe des Geistes sollen wir erkennen, dass Jesus nicht nur Mensch, sondern Gottes Sohn ist. Wer seinem Wort (*logos*) vertraut und an ihm festhält, der hat das Leben. (Vgl. Joh 20,31) Dabei ist sich Jesus sehr wohl bewusst, dass „glauben" stets ein Geschenk Gottes ist. Es braucht dazu sowohl die Zuwendung Gottes, was wir theologisch gesprochen „Gnade" nennen, als auch die grundsätzliche Offenheit des Menschen. Unter diesem Gesichtspunkt und im Erleben, dass viele seiner Jünger ihm den Rücken kehren, stellt Jesus den Zwölf die entscheidende Frage: *Wollt auch ihr weggehen?*

Es fällt auf, dass neben der Ostererzählung, in der der Apostel Thomas als einer der Zwölf vorgestellt wird (vgl. Joh 20,24), das Johannesevangelium nur an dieser Stelle von den Zwölf spricht. Dies ist für viele Exegeten ein Hinweis darauf, dass den Verfassern des Vierten Evangeliums die anderen Evangelien bekannt sind und sie es als selbstverständlich voraussetzen, dass auch wir Leser um die besondere Bedeutung des Zwölferkreises wissen. Eine eigene Auserwählungsgeschichte der Zwölf überliefert das Johannesevangelium daher nicht. Die Frage, *Wollt auch ihr weggehen?*, zielt sicher auf eine enge Lebensgemeinschaft ab, wie es auch bereits die erste Frage im Evangelium tut: „Was sucht ihr?" Indem Jesus seine Jünger einlädt, seine Bleibe zu erkunden, nimmt er sie hinein in seine Sendung und in sein innerstes Lebensgeheimnis. Nachdem die Zwölf nun schon ein Stück des Weges mit ihm gegangen sind und verschiedene Zeichen sehen durften, stellt Jesus sie nun erneut vor die Wahl, ob sie auch weiterhin bei ihm bleiben und die Lebensgemeinschaft mit ihm vertiefen oder wie die anderen ihre eigenen Wege gehen wollen. Letztlich stellt er sie vor die Frage, zu wem sie gehören wollen. Konsequent respektiert Jesus die Freiheit seiner Jünger. Dabei zielt seine Frage auf ihr Wollen, auf ihren freien Willen. Jesus sucht keine blinde Gefolgschaft oder unreflektierte Anhängerschaft; er will die bewusste und freie Entscheidung von uns Menschen. Die Frage, *Wollt auch ihr weggehen?*, dient abermals unserer Standortbestimmung.

In der Frage nach dem Weggehen schwingt auch der Anspruch Jesu mit, dass er selbst der Weg, die Wahrheit und das Leben ist. (Vgl. Joh 14,6) Allerdings soll sich niemand genötigt fühlen, diesen Weg des Lebens gehen zu müssen, ohne die Zugehörigkeit zu Jesus wirklich zu wollen. Meines Erachtens enthält die Frage nichts Bedrohliches oder Angsteinflößendes. Ich empfinde sie vielmehr als Aufforderung zur Reflexion: Wer ist Jesus für mich? Wie stehe ich zu ihm? Welchen Lebensweg will ich für mich wählen? Es geht um eine ehrliche Antwort.

Zugleich lässt Jesus die Freiheit, andere Wege zu gehen, ohne diese zu verurteilen. Petrus reagiert zunächst gut jüdisch mit einer Gegenfrage: „Herr, zu wem sollen wir gehen?" Diese Gegenfrage beinhaltet ein doppeltes Bekenntnis: Einerseits redet Petrus Jesus als Herrn an. Daran wird deutlich, für Petrus ist Jesus derjenige, der ihm Orientierung gibt und dem er sein Leben auch weiterhin anvertrauen möchte. Andererseits kann die Gegenfrage als rhetorische Frage verstanden werden. Sie beinhaltet dann schon die Antwort, dass den Zwölf nichts Besseres geschehen konnte, als bei ihm zu bleiben. All das bekräftigt Petrus mit seinem Nachsatz: „Du hast Worte des ewigen Lebens!"

Dieses feierliche Bekenntnis des Petrus erinnert an die Gedanken des Prologs: „In ihm (dem *logos*) war das Leben." (Joh 1,4) Die Zugehörigkeit zu Jesus ist nicht blutleer und fleischlos, sondern sie ist lebendig und weckt Leben. Und Petrus ergänzt noch und betont: „… wir haben geglaubt und erkannt, dass du der Heilige Gottes bist." Petrus spricht für den Zwölferkreis und bringt feierlich damit ins Wort, zu welcher Glaubenseinsicht sie gefunden haben. Zugleich beschreibt er ihren

Glaubensprozess. Ein Weg des immer stärkeren Vertrauens in Jesu göttliche Vollmacht liegt hinter den Männern. Dieser hat zu einer tieferen Einsicht geführt, wie ihn die damalige Lehre der Gnosis, der Lehre von der „Erkenntnis", beschreibt, denn Petrus sagt: „Wir haben *erkannt*: du bist der Heilige Gottes!" Das ist insofern auffällig, als die Anrede „Heiliger Gottes" in den vier Evangelien nur noch an einer einzigen Stelle vorkommt, nämlich bei der Heilung eines Besessenen zu Beginn des Markusevangeliums. Hier wirft ein Dämon Jesus vor: „Was willst du von uns, Jesus von Nazaret? Bist du gekommen, um uns zu vernichten? Ich weiß, wer du bist: der Heilige Gottes!" (Mk 1,24) Manche Exegeten gehen davon aus, dass das Johannesevangelium diesen Titel sehr bewusst aus diesem Zusammenhang übernommen und in das Bekenntnis des Petrus eingefügt hat. Heilig beschreibt alles, was zu Gott gehört und aus seiner Lebenswelt kommt. Wir könnten auch sagen: Jesus ist von Gott geheiligt und steht ganz auf seiner Seite. Wer ihm begegnet, begegnet Gott und wird heil. Unser deutsches Wort „heil" meint ursprünglich „ganz", so wie es auch das englische Wort *whole* (ganz) zum Ausdruck bringt, das mit *holy* (heilig) verwandt ist. Jesus ist für die Zwölf ganz Gott und in der Begegnung mit ihm erfahren sie Heil; sie werden ganz und gar zu dem, was Gott von ihnen will. Weil sie erkannt haben, dass ein Leben mit Jesus wirkliches Leben bedeutet, entscheiden sie sich für ihn. Diese Erkenntnis allerdings muss zu einer Lebenshaltung führen, damit sie nicht nur äußerlich zu ihm gehören, sondern eine echte Zugehörigkeit *leben*. Nichts anderes bekennt Petrus sinngemäß: Du hast Worte des ewigen Lebens! Auf diese Worte wollen wir hören und so zu dir gehören.

Doch über der Szene liegt ein dunkler Schatten: Einerseits kehren sich viele Anhänger von Jesus ab. Andererseits greift

Jesus Judas Iskariot heftig an: „Habe ich nicht euch, die Zwölf, erwählt? Und doch ist einer von euch ein Teufel", entgegnet Jesus. So nimmt das Johannesevangelium an dieser Stelle bereits die Auslieferung Jesu durch Judas kurz vor seinem Kreuzestod vorweg. Judas harte Verteufelung durch Jesus macht uns Mühe und doch kommen wir um sie nicht herum. Im Griechischen steht der Begriff *diabolos*, der die Bedeutung hat: „Ausplauderer", „Ankläger", „Verleumder", „Widersacher". Ein *diabolos* ist einer, der alles durcheinanderwirft und auseinanderbringt, worauf das entsprechende griechische Verb *diaballein* verweist. Ein Blick ins Matthäusevangelium kann uns bei der Deutung dieser harten Verse weiterhelfen. (Vgl. Mt 16,13–23) Auch hier hat Petrus gerade sein Bekenntnis abgelegt. Für ihn ist Jesus der Messias, der Sohn Gottes. Jesus bezeichnet ihn daraufhin als „Petrus", als „Fels", auf dem die Kirche, also die Gemeinschaft der Glaubenden aufbauen kann. Im Anschluss daran spricht Jesus von seinem bevorstehenden Leiden und seinem Tod in Jerusalem, woraufhin Petrus mit hoher Empathie reagiert: „Das verhüte Gott, Herr! Niemals darf dir das widerfahren!" (Mt 16,22) Jesus dagegen wendet sich Petrus zu und weist ihn schroff zurecht: „Fort, mir nach, Satan! Ein Ärgernis bist du für mich. Denn du denkst nicht die Gedanken Gottes, sondern die der Menschen." (Mt 16,23)

Das könnte auch ein Schüsselsatz für die Verteufelung des Judas in unserer Szene sein: Auch Judas denkt nicht das, was Gott will. Indem er Jesus an seine Gegner ausliefern wird, verfolgt er seine eigenen Vorstellungen und Pläne. So verstanden wird Judas zum Widersacher, der alles durcheinander- und auch Jesus und die Seinen auseinanderbringen wird. Judas ist anwesend abwesend, so könnten wir sagen, indem er sich nicht von Jesus distanziert, sondern bei ihm bleibt, aber nicht aus ganzem Herzen.

Die scharfe Verteufelung des Judas verdeutlicht nochmals, dass es weder eine einfache Antwort auf die Frage, *Wollt auch ihr fortgehen?*, gibt, noch eine Durchhaltegarantie. Die Entscheidung, bei Jesus zu bleiben und zu ihm zu gehören, bedeutet einerseits mit Sensibilität danach zu fragen, was er will und welchen Weg er einschlägt, andererseits auch seinen Weg zu gehen, ihm nachzufolgen im Wissen, dass wir Menschen mit Stärken und Schwächen sind. Ein lockeres Unterwegssein mit Jesus dagegen, dem jede Entschiedenheit fehlt, führt auf Dauer nicht in die Tiefe. Judas Iskariot und Simon Petrus führen uns vor Augen, dass auch wir stets versucht sind, durch unsere Vorstellungen bewusst und unbewusst manches durcheinander oder gar auseinander zu bringen. Auch wir können zum Diabolos, zum Widersacher werden, indem wir zwar äußerlich bei ihm bleiben, uns aber innerlich von ihm wegbewegen, also anwesend abwesend sind. Umso wichtiger erscheint es, die Antwort, „Du hast Worte des ewigen Lebens …", zu verinnerlichen, bzw. ehrlich die Fragen zu leben: Will auch ich weggehen? Warum will ich bei ihm bleiben? Was bedeuten mir seine Worte? Adam, wo bist du? Wo stehst du? Wem gehörst du?

Frei leben

Krisen gehören wesentlich zu unserem Leben dazu. Es vergeht wohl kaum eine Woche, in der nicht die Medien von einer neuen Krise irgendwo auf der Erde berichten. Manche Krisen wie die Coronavirus-Pandemie betreffen die ganze Menschheit, andere wiederum haben nur lokale Bedeutung. Unser deutsches Wort leitet sich vom griechischen Verb *krinein* ab. Dies meint ursprünglich „trennen", „scheiden", „unterscheiden". Es kann auch mit „sieben" übersetzt werden, was dazu dient, Spreu vom Weizen zu trennen, und somit einen Reinigungsprozess beschreibt. Auch Krisen können einen Entscheidungs- und Reinigungsprozess auslösen. Der griechische Begriff *Krisis* meint ursprünglich „Meinung", „Beurteilung", „Unterscheidung", „Entscheidung". Hier wird deutlich, dass die Krise mit der Kritik verwandt ist, die ja auch zur Unterscheidung führen will. Eine Krise, so unangenehm und bedrohlich sie auch sein mag, kann uns Hilfe zur Unterscheidung und Entscheidung sein. Durch sie kann sich etwas klären und reinigen, indem zwischen Schein und Wirklichkeit unterschieden wird und damit im eigentlichen Sinn des Wortes etwas „ent-täuscht" werden kann. Damit wird der häufig verwendete Slogan „In der Krise liegt die Chance!" verständlich. Freilich bleibt die Frage, ob die Chance erkannt und ergriffen wird, sodass es zur Erneuerung kommen kann. In Krisen bedarf es einer hohen Sensibilität für das, was wirklich geschieht. Oft bleiben wir nur beim Vordergründigen, beim Enttäuschenden stehen, ohne dabei im wahrsten Sinne des Wortes zu entdecken, um was es wirklich geht. Was bis dato verdeckt war, muss sensibel offengelegt und analysiert werden; nur so kann eine Krise zur Chance werden und einen Neubeginn setzen.

Auch die Jesusbewegung befindet sich, wie oben beschrieben, in einer absoluten Krise. Enttäuscht und verärgert wenden sich viele Gefolgsleute von Jesus ab und üben harte Kritik: „Sein Wort ist ein Skandal!", urteilen sie, denn sie können nicht erkennen, dass Jesus Gottes Sohn ist. Ihnen fehlt dazu der Blick des Geistes. Jesus nimmt die kritische Situation ernst, indem er auch seinen engeren Zwölferkreis vor die Entscheidung stellt und mit ihm zugleich auch uns, die Leser des Evangeliums: *Wollt auch ihr weggehen?*

Die Frage hat es in sich, da sie für uns zur Chance werden kann, wenn wir uns ehrlich darüber Gedanken machen: Wer ist dieser Jesus von Nazaret für mich? Kann ich durch ihn entdecken, wie Gott ist, weil der Sohn ganz der Vater ist, wie es heißt? Jesu Frage setzt Freiheit voraus und beinhaltet diese zugleich. Gott will keine falschen Abhängigkeiten schaffen, sondern er fordert stets neu die reflektierte Entscheidung von uns Menschen heraus, davon ist das Johannesevangelium überzeugt. Gott bietet uns auch kein Wohlfühlprogramm an, das uns alle möglichen Annehmlichkeiten wie ein gutversorgtes Leben oder eine konfliktfreie Existenz verspricht.

Mich erinnert die ganze Szene an die Aufnahmebedingungen, die die Benediktsregel benennt: Wenn ein Interessent ins Kloster kommt, um sich zu prüfen, ob er Mönch werden will, soll man ihm den Eintritt nicht zu leicht machen, indem man etwas beschönigt, großzügige Ausnahmeregelungen trifft oder gar eine schöne Fassade aufbaut. Vielmehr wünscht der heilige Benedikt, dass man mit dem Kandidaten über alles Harte und Schwere offen spricht. Auch soll er genügend Zeit haben, um sich intensiv zu prüfen, damit er sich nicht von der ersten Begeisterung leiten lässt. Daher empfiehlt der heilige Benedikt, dass der Interessent zunächst bei den Gästen wohnt und dann Schritt für Schritt in die Gemeinschaft aufgenommen wird. Man soll ihm im Verlauf eines Jahres dreimal die Regel vorlesen, damit er weiß, auf was er sich einlässt. Auch manch schwierigen Situationen soll man dem Neueintretenden nicht abnehmen, damit er sich in der Krise prüfen und gewissenhaft schauen kann, ob der klösterliche Weg für ihn das Richtige ist. Bei all dem ist dem heiligen Benedikt die freiwillige und reflektierte Entscheidung sehr wichtig, wenn er im Hinblick auf die Regelbefolgung schreibt: „Siehe das Gesetz, unter dem du dienen willst; wenn du es beobachten kannst, tritt ein, wenn du es aber nicht kannst, geh in Freiheit fort." (RB 58,10)

Es fällt auf, dass der heilige Benedikt in diesem Zusammenhang vom „Beobachten-können" spricht. Zwar muss der Kandidat erst einmal den klösterlichen Lebensweg einschlagen *wollen*, aber dann ist für eine reife Entscheidung das Können, also das Vermögen das Bestimmende. Ebenso betont der heilige Benedikt, dass der Interessent sich frei entscheiden soll. Die Bindung ist also ein Akt der Freiheit. Wer sich also aus irgendwelchen Gründen gezwungen fühlt, ins Kloster eintreten zu müssen, verfügt nicht über die nötige Reife. Auch ist ein Austritt in der Probezeit für den heiligen Benedikt kein Akt des Scheiterns, sondern Ausdruck von Freiheit. Die Freiheit zur Entscheidung und damit in der Konsequenz zur Entschiedenheit ist es, die dem Mönchsvater so wichtig ist.

Der Akt zur freien Willensentscheidung über den eigenen Lebensweg lässt sich auf jede andere Lebensbindung übertragen. So werden auch Braut und Bräutigam vor der Eheschließung gefragt, ob sie nach reiflicher Überlegung und aus freiem Entschluss den Bund der Ehe eingehen wollen. Die Frage, *Wollt auch ihr weggehen?*, ist Ausdruck dafür, dass Gott in unserer Freiheit zur Entscheidung gesucht werden kann. In regelmäßigen Abständen sollte ich mich ganz persönlich fragen: Treffe ich bewusst Entscheidungen? Wie kann ich in meinen Entscheidungen dem Geheimnis Gottes näherkommen? Kann ich die Frage nach Gott auch in Fehlentscheidungen leben? Auch dann, wenn ich das Erprobte in Freiheit hinter mir lassen und neu beginnen muss?

Auch die Benediktsregel kennt Krisen. Schon im Prolog heißt es, dass gerade der Anfang des klösterlichen Wegs schwer ist. (Vgl. RB Prol 47–48) Gleiches gilt für das Durchhalten. Hier wird für den heiligen Benedikt die Haltung der Beständigkeit in der Gemeinschaft (*stabilitas in congregatione*) sehr wichtig. In der Auseinandersetzung miteinander und im Ringen umeinander wird das Kloster zur Werkstatt, in der Menschen aneinander arbeiten und miteinander reifen. (Vgl. RB 4,78) Dabei kann einem auch Gott fremd werden, oder die vertrauten Gotteserfahrungen können ins Wanken geraten. Krisen gehören zu jeder Gottsuche dazu. Wie bei zwischenmenschlichen Beziehungen ist vor ihnen auch die Gottesbeziehung nicht gefeit. Wenn Gott wirklich das Geheimnis unseres Lebens ist, das wir letztlich nicht begreifen, dem wir aber stets aufs Neue begegnen können, dann bleibt Gott für uns immer der andere. Deshalb gibt es auch Situationen, in denen er rätselhaft und undurchschaubar für uns bleibt.

Wollt auch ihr weggehen? – Folgender Aspekt ist mir noch wichtig: Gott könnte die Frage auch stellen, weil er befürchtet, den Menschen zu verlieren. Ich möchte nicht sagen, dass er unter einer Art Verlustangst leidet, denn das würde seiner Souveränität sehr widersprechen. Vielmehr, denke ich, ist es wichtig, unsere eigene Befangenheit zu prüfen. Durch ein persönliches Beispiel wird es vielleicht deutlicher: Als ich mich als junger Mann für den geistlichen Weg interessierte und viele innere Kämpfe durchstehen musste, betete ich oft: „Lass mich doch bitte los! Warum lässt du mich nicht ganz normal sein, wie meine Schulkameraden oder Studiengenossen? Warum lässt mich die Frage nach dir nicht los?" Als Antwort habe ich dann bei meiner feierlichen Profess auf das Andenkenbildchen den Psalmvers geschrieben: „Meine Seele hängt an dir, deine rechte Hand hält mich fest" (Ps 63,9) und das Regelzitat hinzugefügt: „In seiner Güte zeigt uns der Herr den Weg des Lebens" (RB Prol 20).

Das Geheimnis Gottes offenbart sich in der menschlichen Freiheit. Daher richtet Jesus voller Respekt an jeden von uns die Frage: Willst auch du weggehen? Weggehen kann sehr schön sein, gerade in der Jugend, wenn man seine Freiräume erkundet. Weggehen kann bereichernd sein im Urlaub, wenn es darum geht, einmal Abstand zu gewinnen und Neues zu erleben. Aber das Heimkommen ist ebenso wichtig. Gerade durch die Coronavirus-Pandemie haben wir erfahren, wie schnell unsere Freiheit eingeschränkt werden kann und wie wichtig Orte sind, an denen wir daheim sind. Wem gehörst du? – Ich gehöre dorthin, wo ich höre und gehört werde. Simon Petrus hat diesen Satz wohl persönlich erfahren, sonst hätte er nicht zum Urteil gefunden: „Herr, wohin sollen wir gehen? ... Du hast Worte ewigen Lebens! ... Du bist der Heilige Gottes!" In seiner Suche nach Halt und Sicherheit, nach Verlässlichkeit und Bleibe hat Petrus in Jesus seine Antwort gefunden.

Wollt auch ihr weggehen? – Die Frage, die Jesus an uns richtet, beinhaltet die Gewissheit: Ich darf in Freiheit weggehen. Wer wäre dieser Gott, wenn er mich bräuchte? Freiheit ist Ausdruck von Liebe, ähnlich wie wenn Eltern ihre erwachsen werdenden Kinder eigenständig ihre Wege gehen lassen. Das kann schmerzen und freuen zugleich. Es kann dann gelingen, wenn die Kinder trotz aller Irrwege und Fehlentscheidungen stets heimkommen dürfen. Bisweilen braucht dies aufseiten der Eltern große Geduld, bisweilen auch aufseiten der Kinder. Jesus hatte diese Ausdauer mit Simon Petrus – und ich denke auch mit Judas Iskariot und den anderen Jünger, die ihn verließen.

Ich bin überzeugt: Wenn es Gott gibt und der Mensch nach biblischem Verständnis sein Abbild ist, dann lässt er uns frei entscheiden und hat Freude daran, weil er unsere Freiheit liebt. Sie ist Ausdruck seines Wesens. Freilich, wir müssen es aushalten, dass uns Gott diese Freiheit zumutet. Wir können ihr gerecht werden; wir können vor ihr fliehen; wir können uns verfehlen. So stellt sich mir unweigerlich die Frage: Was steht hinter der Möglichkeit, sich entscheiden zu können? Finde ich zu einem tieferen Sinn meines Lebens, wenn ich die Frage nach dem Ursprung menschlicher Freiheit zu leben beginne? Kann ich in meinen Entscheidungen, um die ich intensiv gerungen habe, Gottes Spur entdecken? Kann ich durch die Krisen, die ich durchlebt habe, das Geheimnis Gottes in meinem Leben erkennen? Welche Freiräume wurden mir dabei eröffnet? Freiheit ist ein Name Gottes, der unendlich in seinen Möglichkeiten ist.

Im Vertrauen auf Gott sind wir frei. Das bedeutet ebenso: Christlicher Gottesglaube taugt nur dann, wenn er zum Leben befreit, wenn auch wir zur Entscheidung finden. Wir werden in eine Freiheit geführt, die belastend sein kann, die uns aber auch niemand nehmen kann. Mich beeindruckt dabei immer wieder, wie viele Menschen aus dieser Freiheit heraus sowohl Schweres ertragen als auch Großes ins Werk setzen – gerade die vielen, die wegen ihres Glaubens verfolgt wurden und werden. Aus der „Freiheit von" wächst die „Freiheit zu". Die Frage, *Wollt auch ihr weggehen?*, wird uns stets aufs Neue beschäftigen, weil sie die Gottesfrage beinhaltet. Sie dient in jeder Lebensphase der Reifung, wenn wir mit ihr ringen und sie mit Leben füllen, indem wir uns fragen: Wem gehörst du? Adam, wo bist du? Was suchst du?

Kapitel 6
Meine Nöte als Gottesfrage

„Wenn der Wind der Veränderung weht, bauen die einen Mauern, die anderen Windmühlen!", so lautet ein chinesisches Sprichwort, das ich einmal auf einem Kalenderblatt las. Ich finde, es trifft den Nagel auf den Kopf. Auch ich kenne genügend Situationen, in denen mir Veränderungen Angst machen und ich zu „mauern" beginne. Das fängt schon bei Alltäglichkeiten an, wenn etwa das Tragen des Mönchsgewands als nicht mehr zeitgemäß infrage gestellt wird oder neue Mitbrüder eine Reform der gewohnten Tagesordnung fordern. Gerade in einem Kloster, das ja für eine lange Tradition steht, haben wir uns Mönche in vielem eingerichtet. Eher konservativ gesinnte Zeitgenossen meinen sogar, dass die Klöster die letzten Bastionen für die tradierten Werte seien. So verstanden können Mauern durchaus eine positive Funktion haben. Sie werden zu Schutzmauern, die sichern und bewahren helfen. Aber bei allem Guten, was wir in unseren Traditionen behüten, dürfen sie nicht dazu führen, dass wir uns der Erneuerung verschließen. Wir können nicht so leben, wie es bei uns vor 50 Jahren üblich war. Das gilt innerhalb der Klostermauern genauso wie außerhalb. Vielmehr müssen wir uns den jeweiligen Herausforderungen stellen, die die Zeiten mit sich bringen, so wie es auch die Mönche vor uns mutig getan haben. Sie haben nicht nur bergende Mauern errichtet, sondern ebenso Windmühlen, die uns bis heute beflügeln.

Unsere Gemeinschaft hat sich den Erneuerungen des Zweiten Vatikanischen Konzils gestellt, die Trennung zwischen Priestermönchen und Brüdern aufgehoben, den Kirchenraum umgestaltet und deutsch als Liturgiesprache eingeführt, sodass alle verstehen können, was gebetet wird. Dies gilt auch für andere Lebensbereiche. Durch weitblickende Investitionen wurde beispielsweise unsere Brauerei kontinuierlich zu einem modernen Wirtschaftsbetrieb umgestaltet. Gerne denke ich in diesem Zusammenhang an einen Mitbruder, der in seinem 99. Lebensjahr verstorben ist. Er war immer sehr an allem Neuen interessiert und äußerst technikaffin. Einen anderen älteren Mönch, der gerne in nostalgischer Rückschau die Vergangenheit verklärte, wies er häufig mit einem Augenzwinkern zurecht: „Hör auf mit der guten alten Zeit. Die war auch nicht besser als unsere. Wir müssen die Zeiten nehmen, wie sie kommen!" Das bedeutete für ihn nicht, alles infrage zu stellen. Aber er war bereit, sich den Anforderungen, die neue Zeiten mit sich bringen, zu stellen.

Natürlich, jeder von uns sollte sich Gedanken darüber machen, was die verbindliche Richtschnur ist, damit wir nicht einfach Moden oder Strömungen verfallen, die uns vom Eigentlichen wegbringen. Für uns Christen ist die sogenannte *Norma normans,* die Richtschnur für jede Erneuerung, die Frage nach dem Geist des Evangeliums. Wir sollten uns stets fragen: Um was ging es Jesus von Nazaret? Was steht hinter all seinem Handeln? Was wollte er verändern und wozu?

Dazu bietet meines Erachtens der Gedanke der Menschwerdung einen Schlüssel: Um des Menschen willen wurde Gott Mensch, so lautet die christliche Glaubensbotschaft. Unter allen Geschöpfen nimmt der Mensch als Abbild Gottes in der Welt eine exklusive Sonderstellung ein, davon ist das erste Buch der Bibel überzeugt. (Vgl. Gen 1,27) Allerdings hat der Mensch sich immer wieder von Gott entfernt und entfremdet, sodass Gott immer neue Wege suchte und bis heute sucht, den Menschen für sich zu begeistern. Unablässig bewegt sich Gott auf den Menschen zu. Er wirbt um ihn und ärgert sich vielleicht sogar über ihn, wie auch wir es tun, wenn wir von einem Menschen enttäuscht sind. Schließlich greift Gott zum äußersten Mittel: In Jesus von Nazaret wird Gott selbst Mensch. In seinem Sohn zeigt er uns einen Weg, wie wir als Menschen gut und richtig leben können. Menschwerdung ist damit nicht nur der Prozess Gottes auf den Menschen zu, was wir besonders an Weihnachten feiern, Menschwerdung ist ein bleibender Auftrag für uns als Christen, wie es der frühere Bischof von Limburg, Franz Kamphaus (*1932), in die Kurzformel gebracht hat: „Mach's wie Gott, werde Mensch!" Wenn Jesus von Nazaret wirklich Gottes Sohn ist, dann stellt Gott mit ihm den Menschen in den Mittelpunkt seines Handelns. Das aber hat weitreichende Konsequenzen für unser Verhalten. Gott will dem Menschen helfen, gut und richtig zu leben, so, dass es seinem Menschsein entspricht. Aus diesem Grund gibt er ihm immer wieder neu Weisungen zur Menschwerdung. Nichts anderes sind beispielsweise die Zehn Gebote, mit denen er sein Volk auf den rechten Weg bringen will, oder die vielen Worte Jesu, die in den Evangelien überliefert sind bis hin zu Jesu Leben selbst.

Zu jeder Zeit besteht die Gefahr, dass wir diese Weisungen buchstabengetreu leben und dadurch einem gewissen Legalismus verfallen, der dann bestenfalls eine Art Buchhalterreligiosität darstellt. Ein solcher Glaube kann ebenso unmenschliche Ausdrucksformen annehmen, wenn das Einhalten von Gesetzen über das Wohl der Menschen gestellt wird. Hier bleibt das Wort Jesu richtungsweisend, das letztlich den Grund seiner Menschwerdung zum Ausdruck bringt: „Der Sabbat ist um des Menschen willen gemacht und nicht der Mensch um des Sabbats willen." (Mk 2,27) Alle Weisungen, ob Verbote oder Gebote, haben dem Menschen und der Menschwerdung zu dienen. In diesem Geist gilt es, Erneuerungen und Veränderungen auf ihren Inhalt hin zu überprüfen. Bestimmt braucht es bei manchen Veränderungen die schützenden Mauern, damit der Mensch nicht auf der Strecke bleibt, beispielsweise wenn alles unter wirtschaftlichen Gesichtspunkten strukturiert wird oder wenn menschliches Leben als nicht lebenswürdig abgewertet wird, weil es z. B. eingeschränkt oder krank ist. Es braucht aber ebenso die Windmühlen, die den Gedanken der Menschwerdung neu beflügeln. All das schwingt mit, wenn Jesus am Sabbat einen Blinden heilt und im übertragenen Sinn auch dem Leser die Augen öffnen will, indem er uns die Frage stellt: „Glaubst du an den Menschensohn?"

Glaubst du an den Menschensohn?

Im Vorübergehen sah er einen Mann, der von Geburt an blind war. Seine Jünger fragten ihn: Rabbi, wer hat gesündigt, er selbst oder seine Eltern, dass er blind geboren wurde? Jesus antwortete: Weder er noch seine Eltern haben gesündigt, sondern das Wirken Gottes soll an ihm offenbar werden. Ich muss die Werke dessen vollbringen, der mich gesandt hat, solange es Tag ist. Es kommt die Nacht, in der niemand mehr etwas tun kann. Solange ich in der Welt bin, bin ich das Licht der Welt. Nach diesen Worten spie er auf den Boden, machte einen Teig aus dem Speichel, strich ihm den Teig auf die Augen und sagte zu ihm: Geh, wasche dich im

Teich Schiloach!, das heißt übersetzt: Gesandter. Da ging er fort, wusch sich und kam sehend zurück. Die Nachbarn und die Leute, die ihn früher als Bettler gesehen hatten, sagten: Ist das nicht der Mann, der dasaß und bettelte? Die einen sagten: Ja, er ist es. Andere sagten: Nein, er sieht ihm nur ähnlich. Er selbst aber sagte: Ich bin es. Da fragten sie ihn: Wie sind denn deine Augen geöffnet worden? Er antwortete: Der Mann, der Jesus heißt, hat einen Teig gemacht, meine Augen damit bestrichen und zu mir gesagt: Geh zum Schiloach und wasche dich! Ich bin also hingegangen, habe mich gewaschen und konnte sehen. Da fragten sie ihn: Wo ist er denn? Er sagte: Ich weiß es nicht.

Da brachten sie den ehemals Blinden zu den Pharisäern. Es war aber Sabbat an dem Tag, an dem Jesus den Teig gemacht und ihm die Augen geöffnet hatte. Auch die Pharisäer fragten ihn, wie er sehend geworden sei. Er sagte zu ihnen: Er hat einen Teig auf meine Augen gelegt, dann habe ich mich gewaschen und nun sehe ich. Da meinten einige der Pharisäer: Dieser Mensch ist nicht von Gott (gesandt), weil er den Sabbat nicht hält. Andere aber sagten: Wie kann ein sündiger Mensch solche Zeichen wirken? So war Zwiespalt unter ihnen. Da fragten sie den Blinden noch einmal: Was hältst du von ihm? Hat er dir doch die Augen geöffnet? Er antwortete: Er ist ein Prophet. Die Juden aber wollten ihm nicht glauben, dass er blind gewesen und sehend geworden ist, bis sie die Eltern des Sehendgewordenen herbeiriefen und sie fragten: Ist das euer Sohn, von dem ihr sagt, dass er blind geboren wurde? Wie kommt es, dass er jetzt sehen kann? Da antworteten seine Eltern: Wir wissen, dass dies unser Sohn ist und dass er blind geboren wurde. Wie es aber kommt, dass er jetzt sieht, wissen wir nicht. Und wer ihm die Augen geöffnet hat, wissen wir auch nicht. Fragt ihn selbst, er ist alt genug. Er kann selbst über sich Auskunft geben. Das sagten seine Eltern, weil sie die Juden fürchteten. Denn die Juden waren bereits übereingekommen, dass jeder, der ihn als Messias anerkennen würde, aus der Synagoge ausgestoßen werden sollte. Deshalb sagten seine Eltern: Er ist alt genug, fragt ihn selbst.

Da riefen sie den Mann, der blind gewesen war, zum zweiten Mal und sagten zu ihm: Gib Gott die Ehre! Wir wissen, dass dieser Mensch ein Sünder ist. Da antwortete er: Ob er ein Sünder ist, weiß ich nicht. Das eine weiß ich, dass ich blind war und jetzt sehen kann. Da fragten sie ihn: Was hat er mit dir gemacht? Wie hat er deine Augen geöffnet? Er antwortete ihnen: Ich habe es euch schon gesagt, aber ihr habt nicht zugehört. Warum wollt ihr es noch einmal hören? Wollt etwa auch ihr seine Jünger werden? Da beschimpften sie ihn und sagten: Du bist ein Jünger von ihm; wir aber sind Jünger des Mose. Wir wissen, dass Gott zu Mose gesprochen hat. Woher aber dieser kommt, wissen wir nicht. Der Mann antwortete ihnen: Darin liegt ja das Erstaunliche, dass ihr nicht wisst, woher er kommt; und doch hat er mir die Augen geöffnet. Wir wissen, dass Gott keine Sünder erhört. Aber wer gottesfürchtig ist und seinen Willen erfüllt, den erhört er. Von Ewigkeit her hat man nicht gehört, dass jemand einem Blindgeborenen die Augen geöffnet hat. Wenn dieser Mensch nicht von Gott käme, könnte er nichts tun. Sie antworteten ihm: Du bist ganz und gar in Sünden geboren und du willst uns belehren? Und sie stießen ihn hinaus.

Jesus hörte, dass sie ihn hinausgestoßen hatten, und sagte, als er ihm begegnete: Glaubst du an den Menschensohn? Er antwortete: Und wer ist es, Herr? (Sag es mir,) damit ich an ihn glaube! Jesus sagte zu ihm: Du hast ihn gesehen. Der gerade mit dir redet, der ist es. Da sagte er: Ich glaube, Herr! Und er fiel vor ihm nieder. Jesus sagte: Zum Gericht bin ich in diese Welt gekommen, damit die Blinden sehend und die Sehenden blind werden. Das hörten einige der Pharisäer, die bei ihm standen, und fragten ihn: Sind etwa auch wir blind? Jesus antwortete: Wenn ihr blind wärt, so hättet ihr keine Sünde. Jetzt aber behauptet ihr: Wir sehen. Eure Sünde bleibt also bestehen.

Joh 9,1–41

Als sechstes Zeichen heilt Jesus einen Blindgeborenen. Dies führt wieder einmal zum Konflikt mit den religiösen Autoritäten seiner Zeit. Dabei ist die Dramaturgie der Episode eindrucksvoll: Während dem Blinden immer mehr die Augen aufgehen, verdunkelt sich stetig die Sicht seiner Gegenspieler. Im Vorübergehen, so heißt es, sieht Jesus diesen Mann, der in doppelter Weise ein „Aussichtsloser" ist. Zum einen, weil er seit seiner Geburt blind ist und durch dieses Handicap auf die Hilfe anderer angewiesen ist. Zum anderen, weil seine Behinderung von vielen als Folge sündhaften Verhaltens gedeutet wird und ihm, sowie seiner Familie, als selbst verschuldet angelastet wird. Im Unterschied dazu stellt Jesus nicht die Frage nach dem „Warum". Vielmehr fragt er nach dem „Wozu". An dem Blindgeborenen soll Wesentliches seiner Sendung sichtbar werden, damit alle erkennen können, worum es ihm und seinem Vater geht. Auch seine Gegner sollen durch das Zeichen der Heilung von ihrer Blindheit erlöst werden und mit neuen Augen sehen können. Das unterstreicht Jesus mit seiner provokanten Tat am Sabbat, dem Tag der Ruhe.

Weil es ihm um den Menschen und dessen Heil geht, wird Jesus tätig. Er rührt mit seinem Speichel einen Teig an. Damit aber übertritt er das Sabbatgebot, bzw. stellt eine strikte und unreflektierte Einhaltung desselben infrage. Auch der Blinde muss selbst aktiv werden, um geheilt werden zu können. Er wird von Jesus aufgefordert, zum Teich zu gehen und sich dort zu waschen. Um geheilt werden zu können, muss er seine Sicherheit verlassen und sich selbst auf den Weg machen. Durch das Zeichen der Heilung soll deutlich werden, dass

Jesus, der Mann aus Nazaret, von Gott gesandt ist. Darauf deutet symbolisch auch der Name des Teichs hin; „Schiloach" heißt übersetzt „Gesandter", wie uns die Bibel wissen lässt.

Die erneute Heilung am Sabbat rüttelt am festgefügten System der jüdischen Gesellschaft. Es entsteht erheblicher Gesprächsbedarf zwischen dem Blindgeborenen, seinen Eltern, den Nachbarn und den religiösen Autoritäten. Der Vorwurf, der Jesus aus dem damaligen Verständnis des Sabbatgebots gemacht wird, lautet: Einer, der an dem Tag, an dem selbst Gott geruht hat, tätig wird und damit die Weisung Gottes bewusst übertritt, kann nicht von Gott gesandt sein und in seinem Namen auftreten. Schließlich hatte der Blindgeborene keine akute Not und hätte auch einen Tag später geheilt werden können ... Doch Jesus verfolgt einen anderen Ansatz: Ihm geht es nicht darum, die Ursache der Erblindung aufzudecken und Schuldige zu benennen. Für ihn ist klar, dass es bei der Blindheit nicht einen Zusammenhang zu einem Fehlverhalten gibt. Krank- oder Behindertsein ist für ihn keine Frage der Schuld. Weder der Blinde noch seine Eltern haben gesündigt. Vielmehr soll durch die spektakuläre Heilung Gottes rettendes Handeln sichtbar werden. Mit Jesus tritt ein Mensch auf die Bühne, der selbst am Sabbat menschlich und damit göttlich handelt. Dadurch findet ein anderer Mensch, nämlich der Blindgeborene zu neuen Lebensperspektiven. Er wird heil; er wird ganz. Damit wächst auch sein Vertrauen. Schritt für Schritt werden ihm die Augen des Herzens geöffnet, wenn er zunächst bekennt, dass Jesus ein Prophet ist und dann peu à peu sein Bekenntnis konkretisiert: Er ist von Gott, er ist der Herr, er ist der Menschensohn.

Bei genauerer Betrachtung der Szene fällt auf, dass der Geheilte in der Auseinandersetzung mit den religiösen Autoritäten ihnen zunächst vom Menschen spricht, der Jesus heißt.

Am Ende findet er zur Erkenntnis, dass dieser Mensch selbst der Menschensohn ist. Das erinnert sehr stark an den Beginn des Johannesevangeliums. Dort stellt sich Jesus in der Begegnung mit Natanaël programmatisch vor: „Ihr werdet den Himmel offen und die Engel Gottes über dem Menschensohn auf- und niedersteigen sehen." (Joh 1,51) Genau das erlebt nun der Geheilte, indem er mit geöffneten Augen zur tieferen Einsicht findet. In Jesus von Nazaret steht ihm wirklich der Himmel offen.

Der etwas rätselhafte Titel „Menschensohn" taucht vor allem im Alten Testament häufiger auf. Zunächst bezeichnet er einfach den Menschen als Menschenkind, der eine besondere Stellung in der Schöpfung einnimmt, weil er von Gott gewollt und geliebt ist. (Vgl. Ps 8) Der Titel „Menschensohn" ist auch Inhalt prophetischer Visionen. Gott selbst wird am Ende der Zeiten zum Weltgericht als „Menschensohn" kommen, so berichtet beispielsweise das Buch Ezechiel. (Vgl. Ez 1,26) Dieses Bild führt der Prophet Daniel weiter aus. (Vgl. Dan 7,13f) Die Gestalt des Menschensohns erscheint hier im Kontrast zu vier monsterartigen Tiergestalten. Nacheinander waren sie aus einem Chaosmeer aufgestiegen und verkörpern wohl die gewaltsame, sich steigernde unmenschliche Herrschaft antiker Großreiche. Alle möglichen bestialischen Grausamkeiten werden von den Tieren geschildert. Schließlich werden sie von einem Gericht vernichtet. (vgl. Dan 7,2–12) Im Gegenbild dazu bringt der ersehnte Menschensohn Gottes weltweite Herrschaft zur Geltung. Wir könnten auch sagen: Nach allen bestialischen Grausamkeiten, zu denen Menschen verkommen können, und nach allen unmenschlichen Regimen, in denen die Würde des Menschen mit Füßen getreten wird, kommt endlich ein Mensch, mit dem die Menschenwürde neu aufgerichtet wird und die Humanität siegt. Im

Menschensohn nimmt die Menschlichkeit neue Gestalt an; in ihm strahlt Gottes Liebe zu den Menschen auf.

All diese Gedanken und Hintergründe schwingen mit, wenn Jesus dem Geheilten die Frage stellt: *Glaubst du an den Menschensohn?* Es ist interessant, dass der Geheilte zunächst mit einer Gegenfrage antwortet, die zugleich ein Bekenntnis enthält: „Und wer ist es, Herr? Sag es mir, damit ich an ihn glaube." (Joh 9,36) Ehrfurchtsvoll redet der Mann Jesus mit „Herr" an und verdeutlicht damit, dass er seinem Heilsbringer absolut vertraut. Wir könnten fast von einem „blinden Vertrauen" sprechen. Mit seiner Antwort, „Du siehst ihn vor dir!", unterstreicht Jesus, worin seine Sendung besteht: Er ist der Menschensohn, der allen bestialischen Systemen ein Ende setzt. Er ist der gute Hirte, der nicht vor den Wölfen flieht, sondern aus Liebe zu seinen Schafen den Kampf mit ihnen aufnimmt. (vgl. Joh 10) Für sie, für die Menschen wird er sein Leben hingeben. In seinem Handeln wird sichtbar, dass es Gott um den Menschen und um dessen Heil geht und nicht um die blinde Einhaltung von Vorschriften und Gesetzen.

Als Ausdruck seiner tiefen Verehrung wirft sich der Geheilte vor Jesus nieder. Der Menschensohn ist für ihn der Gottessohn, Gottes menschgewordenes Antlitz, das er in Jesus erkennen und sehen kann: „Du hast ihn gesehen. Der gerade mit dir redet, der ist es." Das Glaubensbekenntnis, das der Blindgeborene anschließend ablegt, hat schwerwiegende Folgen. Während dem Blinden im doppelten Sinn die Augen geöffnet werden, werden die religiösen Fachleute nur noch blinder. Ihr Versagen und damit ihre Schuld liegen darin, dass sie behaupten, die Sehenden zu sein. Sie glauben zu wissen, was am Sabbat erlaubt ist und was Gott will, und bilden sich so ein Urteil über Jesus. Durch ihr scheinbares Wissen sind sie verblendet für die eigentliche Botschaft. Solange sie ihre Augen vor dem Menschen und seiner Hilfsbedürftigkeit verschließen, kann ihnen nicht geholfen werden. Das ist die Tragik, die ihr Schicksal bestimmt.

Die Frage Jesu, *Glaubst du an den Menschensohn?*, beinhaltet letztlich die Frage nach dem Menschen und seinem Heil. Wer Jesus glaubt, kann vor der Unmenschlichkeit und vor Ungerechtigkeiten nicht mehr die Augen verschließen, sondern der engagiert sich um des Menschen willen im Notfall auch dann, wenn er dafür gesellschaftliche Weisungen übertreten muss. Darauf verweist auch sehr eindrücklich eine Szene aus der Leidensgeschichte, die nur das Johannesevangelium überliefert: Nachdem die Soldaten Jesus gegeißelt und als Spottkönig mit der Dornenkrone und dem Purpurmantel ausgestatten haben, führt Pilatus den so Gepeinigten der tobenden Volksmenge mit den Worten vor: „Da ist der Mensch!" (Joh 19,5) Im Leidenden und später Gekreuzigten solidarisiert sich Gott mit jedem Menschen, besonders mit jenen, deren Würde mit Füßen getreten wird. Auch in der größten Entstellung, im Schlimmsten, was Menschen einander antun können, bleibt der Mensch sein geliebtes Kind, sein Abbild. Damit bekommt die Frage, *Glaubst du an den Menschensohn?*, noch eine weitere Dimension. In der Frage kann auch mitschwingen: Glaubst du (trotz allem) an den Menschen? Glaubst du an den Menschen, so wie Gott durch seine Menschwerdung an sein Abbild glaubt?

Glaubwürdig leben

Unser Obdachlosenhaus wird tagtäglich von circa 200 Gästen besucht. Ich bewundere unsere Mitarbeiter für ihren Dienst, den sie so treu leisten. Oft braucht es eine Menge Geduld, um den unterschiedlichen Wünschen und Anliegen begegnen zu können. Manchmal kommt es auch zu Konflikten, weil wir Bitten nicht erfüllen können, unsere Mittel schlichtweg begrenzt sind oder weil Unmögliches gefordert wird. Bisweilen spricht mich ein Gast direkt an, ob ich ihm Geld geben könnte. Ich verweise dann immer auf unseren Sozialarbeiter mit der Erklärung, dass ich ihm kein Geld gebe, aber er dort sein Anliegen zur Prüfung vortragen kann. Letztlich entspricht dies den Regeln, die wir als Gemeinschaft vereinbart haben. Es macht Sinn, dass wir persönlich kein Geld weitergeben, sondern die Hilfe bündeln. Aber ein gutes Gefühl habe ich nicht immer dabei. Werde ich dem Menschen in seiner Not gerecht? Steht tatsächlich der Mensch im Mittelpunkt oder verstecke ich mich hinter unseren Regeln? Gehe ich davon aus, dass mich dieser Mensch ausnutzen will, oder glaube ich an diesen konkreten Menschen; glaube ich ihm, dass er ehrlich und aufrichtig seine Bitte äußert? Kann ich in seiner Hilfsbedürftigkeit Gott entdecken? Bei all dem kommt mir das bereits erwähnte 53. Kapitel unserer Regel in den Sinn, in dem der heilige Benedikt uns Mönchen besonders die Gastfreundschaft ans Herz legt. Wir sprachen schon davon. (Vgl. Kap. 4) Die Gastfreundschaft ist gleichsam die Richtschnur, die *Norma normans*, an der wir unser Handeln in der Obdachlosenarbeit ausrichten wollen. Benedikt fordert eine besondere Achtsamkeit gegenüber den Pilgern und den Armen, denjenigen also, die keine Lobby haben. Anscheinend wurden sie auch schon von früheren Mönchen als Menschen zweiter Klasse behandelt oder gar übersehen, sonst würde der heilige Benedikt sie nicht eigens benennen und unter den Schutz der Regel stellen. Vielleicht hat er selbst die Erfahrung gemacht, dass er für die Nöte anderer blind geworden ist. Wir wissen es nicht.

Mich persönlich entlasten diese Gedanken, da sie mir meine eigene Blindheit vor Augen führen. Es ist eine Binsenwahrheit: Wer sich dem Menschen und seiner Not stellt, wird immer damit rechnen müssen, dass er ausgenutzt wird oder es zu Konflikten kommen kann. Davor war auch Jesus nicht gefeit. Wichtig bei all dem ist aber, dass die Menschlichkeit nicht auf der Strecke bleibt. Daher ermahnt der heilige Benedikt beispielsweise den Cellerar, der für die Güter des Klosters verantwortlich ist und dadurch eine mächtige Position innehat, stets demütig zu bleiben, gerade wenn er einem Mönch einen Wunsch nicht erfüllen kann oder dieser ihn um etwas Unvernünftiges bittet. (Vgl. RB 31,13) Eine Gesinnung des Dienens soll sein Handeln bestimmen. Wenigstens ein gutes Wort soll er dem Mitbruder entgegenbringen, auch wenn er ihm sonst nicht weiterhelfen kann, denn, so lautet die Überzeugung des heiligen Benedikt: „Ein gutes Wort geht über die beste Gabe." (RB 31,14)

Vielleicht muss ich dem Obdachlosen kein Geld in die Hand drücken, weil es unvernünftig wäre hinsichtlich der Folgewirkungen. Aber dennoch gilt es, Höflichkeit und Anstand zu wahren. Die Frage, *Glaubst du an den Menschensohn?*, die den Menschen in seiner Not und Hilfsbedürftigkeit in den Mittelpunkt der Gottesfrage rückt, hinterfragt somit auch: Versuchst du menschlich zu bleiben, ohne dich hinter Vorschriften, Regeln und Systemen zu verstecken? Kannst du dadurch Gott ehren und bist du glaubwürdig, weil du handelst, wie er handeln würde?

Wenn ich diesen Gedanken weiterführe, gelange ich zu einem unserer Gelübde: Bei unserer Profess versprechen wir neben dem Gehorsam und der Beständigkeit auch die *conversatio morum*, die „Umkehr der Sitten". (Vgl. RB 58,17) Das klingt zunächst sehr spröde und moralisierend. Die „Umkehr der Sitten" beschreibt die Bereitschaft, mein Leben immer wieder an den Weisungen und am Beispiel Jesu auszurichten und zu versuchen, mein Leben in seinem Geist zu gestalten und zu erneuern. Er selbst ist die Orientierungshilfe, die es als *Norma normans* immer wieder in den Blick zu nehmen gilt. Es geht also um meine Glaubwürdigkeit.

Konsequent stellt Jesus den Menschen in den Mittelpunkt seines Handelns, indem er Vorschriften auf dessen Wohlergehen hin deutet und damit die Augen öffnet, um was es ihm geht. Dieser Perspektivenwechsel ist auch stets von uns gefordert: Was bedeuten in meinem Leben der Mensch, die Menschenwürde und die Menschenrechte? Diese großen Fragen können mich zunächst überfordern, sie können aber in meinem Leben schnell ganz konkret werden: Berührt mich im Vorübergehen das Schicksal eines Menschen? Schaue ich weg, wenn ich einem Bettler auf der Straße begegne, oder schenke ich ihm Ansehen? Kann ich noch mitleiden, wenn ich in den Medien mit Unrechtsregimen und menschenentwürdigendem Leid konfrontiert werde, oder verschließe ich die Augen davor, indem ich auf das System verweise: Das ist halt so, da kann man eh nichts ändern?!

Die *Conversatio morum* fordert letztlich eine Haltung der Gerechtigkeit. Wir dürfen dankbar sein, dass wir in einem Rechtsstaat leben, in dem Menschenwürde und Menschenrechte gewahrt sind. Dies allerdings ist zugleich auch die Verpflichtung, dafür mutig einzutreten. Das Recht auf Asyl beispielsweise ist ein Menschenrecht, das man qua Menschsein hat. Man kann es sich nicht erwerben. Auch kann es kein Staat verleihen. Gerechtigkeit findet auf der Ebene der Menschenwürde und Menschenrechte zunächst ihren Ausdruck im Grundsatz: „Jedem das Gleiche". Hinsichtlich der Individualität und der vielfältigen Ausprägungen menschlichen

Lebens bedeutet Gerechtigkeit aber ebenso, jedem das Seine zu gewähren. Unsere Sprache bringt es zum Ausdruck, wenn wir etwa von einer behindertengerechten Einrichtung oder einem kindgerechten Gottesdienst sprechen. Maßnehmen an Jesus von Nazaret im Glauben, dass er der Menschensohn ist, bedeutet den Menschen auch in ihrer Unterschiedlichkeit gerecht zu werden. Ich bin froh und dankbar dafür, dass es in unserem Land eine große Pluralität an Lebensformen gibt. Wenn ich allein daran denke, wie in meiner Jugend Homosexualität tabuisiert wurde, ja sogar homosexuelle Paare häufig diskriminiert und in der NS-Zeit getötet wurden, und mit welch menschlicher Weite wir ihnen heute weitestgehend begegnen, bin ich für diese Entwicklung dankbar. Letztlich ist es eine Frage des Menschenbildes. Hier sind auch wir als Christen herausgefordert und auch in unserer Glaubwürdigkeit gefragt. Wir sollten uns immer wieder fragen: Kann ich wirklich glauben, dass jeder Mensch Abbild Gottes ist? Auch in diesem Zusammenhang hilft mir persönlich wieder die Spiritualität unserer Regel. Ausdrücklich wünscht der heilige Benedikt, dass wir Mönche keinen Eigenbesitz haben (vgl. RB 33) und keiner bevorzugt wird oder über unberechtigte Privilegien verfügen soll (vgl. RB 34,2). Allerdings fordert er ebenso, dass wir gegenseitig auf unsere Schwächen Rücksicht nehmen und jeder so viel zugeteilt bekommt, wie es für ihn notwendig ist. (Vgl. RB 34,1f)

Jesus heilt mutig an einem Sabbat und setzt ein Zeichen, damit uns die Augen aufgehen. Er wendet damit die Not des Blindgeborenen. Die Frage Jesu, *Glaubst du an den Menschensohn?*, beinhaltet letztlich die Frage nach dem Menschen und seinem Heil. Glaubst du daran, dass Gott in aller Konsequenz das Heil des Menschen will? Glaubst du daran, dass Gott den Menschen in den Mittelpunkt stellt? Wenn ich das glaube, dann kann ich dem Geheimnis Gottes überall begegnen, wo Menschen der Menschenwürde und den Menschenrechten dienen. Denn wenn der Mensch Abbild Gottes ist, dann ist Gott das Urbild des Menschen. So wird verständlich, dass Jesus in manchen Schriften des Neuen Testaments als der neue Mensch bezeichnet wird, den wir anziehen können. (Vgl. Eph 2,15; 4,24; Kol 3,10)

Dankbar gilt es dabei, das viele Gute zu sehen, das Menschen aus Gründen der Humanität tun. Sie haben bewusst oder unbewusst den neuen Menschen angezogen. Leider gibt es auch das andere, sodass die bestialischen Visionen des Alten Testaments oft in unserem Leben Wirklichkeit werden, wenn wir an Diktaturen wie in Nordkorea, Bürgerkriege wie in Syrien oder die Zustände in Flüchtlingslager wie in Nordafrika denken. Die Frage, *Glaubst du an den Menschensohn?*, beinhaltet damit auch die Frage: Kann ich bei all dem, was Menschen an Abgründigem verbrechen und einander Grausames antun, trotzdem an den Menschen glauben? Hier stellt sich letztlich die grundsätzliche Frage, die in der zweiten Hälfte des 20. Jahrhunderts aufgeworfen wurde: Wie kann es eine Theologie – eine Lehre von Gott – nach Auschwitz geben? Elie Wiesel (1928–2016), der selbst als Jugendlicher im KZ Auschwitz war, berichtet in seinen Erinnerungen von einem Jungen, der dort gehängt wurde, weil er Untergrundnachrichten von Baracke zu Baracke getragen hatte. Alle Blockinsassen mussten der grausamen Hinrichtung zusehen. Da hörte Elie Wiesel einen Mann fragen: „Wo ist Gott?" „Und", so erzählt Wiesel weiter, „ich hörte eine Stimme in mir antworten: ‚Wo er ist? Dort – dort hängt er, am Galgen ...'" Später hat Elie Wiesel die Thematik in der bedrückenden Kantate *Ani Maamin* – „Ich glaube" vertont. Im Jahr 1973 wurde sie in der New Yorker Carnegie Hall uraufgeführt. Das Premierenpublikum wurde

Zeuge davon, wie die Glaubensväter der Bibel im Himmel Klage über den Holocaust führen. Abraham, Jakob und alle anderen Patriarchen halten Gott die verbrannten Kinder und die trauernden Mütter vor. Die Chöre der Engel brechen in Tränen aus, aber Gott schweigt. Die Patriarchen kehren zur Erde zurück, um den Juden die Nachricht zu bringen, dass Gott sein Volk verlassen habe. Keiner der Patriarchen bemerkt beim Verlassen des Himmels die Tränen in den Augen Gottes. Keiner sieht, dass Gott sie begleitet. So weit die inhaltliche Zusammenfassung des Kantatentextes.

Glaubst du an den Menschensohn? – Letztlich beinhaltet die Frage Jesu die Frage nach der Bedeutung des Menschen und damit nach seiner Bestimmung. Wer ist der Mensch? Ist er für mich Abbild Gottes, von ihm besonders geliebt und gewollt, oder gleichbedeutend mit allen anderen Geschöpfen? Dann aber trägt er als Abbild Gottes besondere Verantwortung für die Schöpfung, damit diese nicht in bestialischer Grausamkeit verkommt. Und noch weniger kann er sich aufführen, wie er will. Aber selbst dann verliert er für Gott nicht seine Würde: Kann ich trotz aller Unmenschlichkeiten an den Menschen glauben, trotz meiner eigenen Abgründe? Kann ich im leidenden Menschen dem Geheimnis Gottes begegnen, der aus Liebe zu uns mitleidet? Seht, da ist der Mensch! Durch unsere Menschlichkeit werden wir glaubwürdig: Adam, Mensch, wo bist du, was suchst du?

Kapitel 7
Mein Tod als Gottesfrage

„Wie war es am Westfriedhof? – Deine Bewertung ist uns wichtig ..." Kurz zuckte ich zusammen, als ich nach einer Trauerfeier auf dem Münchner Westfriedhof wieder auf mein Handy schaute. Dann musste ich schmunzeln: Wie war es? An dem heißen Sommertag war es unter den Bäumen angenehm schattig. Für die Angehörigen war es sehr traurig. Für die Mitarbeiter des Beerdigungsinstituts war es anstrengend, weil sie bei der Hitze arbeiten mussten. Wie war es am Westfriedhof? Friedlich, grün, schattig, traurig, beschaulich, anstrengend – es war alles zugleich. Es war auch fragwürdig und provokant: Wie kann man umgehen mit dem konkreten Tod vor Augen? Viele Fragen kommen mir in den Sinn: Was ist nun mit diesem Menschen? Lebt er weiter in einer anderen Wirklichkeit, die wir Himmel nennen? Wird er von Gott zu neuem Leben erweckt werden, wie wir Christen glauben? Wann und wie wird das geschehen? Oder ist der Friedhof letztlich nur ein Ort, an dem wir den Tod ablegen, uns von ihm entledigen, damit er nicht in unseren Alltag einbrechen kann?

Der Tod stört gewaltig, wenn er in ein Leben einbricht. Das kann auf Raten geschehen, wenn beispielsweise die Diagnose einer unheilbaren Krankheit attestiert ist und der Weg des „Immer-weniger-werdens" beginnt. Anfangs kann man sich noch selbst versorgen, aber Schritt für Schritt ist man immer mehr auf die Hilfe anderer angewiesen. Der Bewegungsradius verringert sich kontinuierlich, während gleichzeitig die Schmerzen und die Einschränkungen zunehmen. Das Sterben in Raten breitet sich schleichend aus und wenn der Tod schließlich eintritt, wird er oft als Erlösung gesehen. Anders verhält es sich mit einem unerwarteten Tod, der plötzlich, etwa durch einen tragischen Unfall, in ein Leben einbricht. Dann macht sich Schockstarre breit. Wir können es nicht fassen, dass ein Mensch für immer aus unserem Leben gerissen wurde und von jetzt auf gleich nichts mehr ist, wie es war. Unbegreiflich stehen wir vor der Gewalt des Todes, der schlagartig alles verändern kann.

Beim Schreiben dieser Zeilen spüre ich ein gewisses Unbehagen: Wie wird mich einmal der Tod ereilen? Situationen und konkrete Menschen kommen mir in den Sinn, die mir den Tod und seine Kraft vor Augen führen. Und wer spricht schon gerne über den Tod oder konfrontiert sich damit, dass das eigene Leben endlich ist? Als ich las, dass die Zahl anonymer Bestattungen stetig zunimmt, beschlich mich der Gedanke, dass manche Verstorbene ihre Angehörigen wohl nicht unnötig mit dem Tod konfrontieren wollen. Das ist einerseits nachvollziehbar und kann als ein edler Charakterzug gedeutet werden. Und doch bleibt es nur ein Versuch, sich der Gewalt des Todes zu entziehen. Ebenso erlebe ich es immer wieder, dass Eltern ihre kleinen Kinder nicht zur Beerdigung eines Verwandten mitnehmen wollen mit der Begründung, dass sie ihnen die Konfrontation mit dem Tod ersparen möchten. Auch hierfür habe ich einerseits Verständnis. Andererseits denke ich, dass Kinder mit dem Tod als Wirklichkeit in ihrem Leben umgehen lernen müssen. Wie reagieren die Eltern, wenn z. B. das Meerschweinchen stirbt oder die geliebte Katze vom Auto überfahren wird? Letztlich bringt es uns nicht weiter, wenn wir die Frage nach dem Tod nicht stellen, indem wir sie verdrängen und aus unserem Leben ausgrenzen. So betrachtet haben Friedhöfe eine wichtige Funktion; sie gehören wesentlich zu unserem Leben dazu, genauso wie Wohnhäuser, Schulen, Arbeitsstätten oder Geschäfte usw.

Wie war es am Westfriedhof? – Deine Bewertung ist uns wichtig. Friedhöfe sind notwendige Erinnerungsorte. Sie halten die Frage nach dem Tod lebendig, die wir verständlicherweise gerne verdrängen. Hinter jedem Grab befindet sich eine Lebensgeschichte mit ihren Höhen und Tiefen. Die Namen auf den Kreuzen und Grabsteinen stehen für konkrete Menschen mit ihren Freundschaften, mit ihren Sehnsüchten und Enttäuschungen, mit ihren Freuden, Sorgen und Misserfolgen. Irgendwann wird auch mein Name auf einem Grabstein stehen, weil mein Leben endlich ist. Und was kommt dann?

Wie war es am Westfriedhof? – Es war bereichernd, motivierend, belebend, provozierend, aufregend, fragwürdig. Der Tod und unsere Endlichkeit brauchen ihren Ort. Jesus konfrontiert sich selbst damit, wenn er die Schwestern seines toten Freundes Lazarus fragt: „Wo habt ihr ihn hingelegt?"

Wo habt ihr ihn hingelegt?

Es war aber einer krank, Lazarus von Betanien, aus dem Dorf Marias und ihrer Schwester Marta. Maria war es, die den Herrn mit Balsam gesalbt und seine Füße mit ihren Haaren getrocknet hatte; deren Bruder Lazarus war krank. Die Schwestern schickten also zu ihm und ließen sagen: Herr, der, den du lieb hast, ist krank. Als Jesus das hörte, sagte er: Diese Krankheit führt nicht zum Tod, sondern dient der Verherrlichung Gottes. Durch sie soll der Sohn Gottes verherrlicht werden. Denn Jesus liebte Marta, ihre Schwester und Lazarus. Als er nun hörte, dass er krank war, blieb er noch zwei Tage an dem Ort, wo er war. Dann erst sagte er zu den Jüngern: Wir wollen wieder nach Judäa gehen. Die Jünger sagten zu ihm: Rabbi, eben erst wollten dich die Juden steinigen und du gehst wieder dorthin? Jesus antwortete: Hat der Tag nicht zwölf Stunden? Wenn einer bei Tag umhergeht, stößt er sich nicht, weil er das Licht der Welt sieht. Wenn aber einer bei Nacht umhergeht, stößt er sich, weil das Licht nicht bei ihm ist. So sprach er. Dann sagte er zu ihnen: Unser Freund Lazarus schläft. Aber ich gehe hin, um ihn aufzuwecken. Da sagten die Jünger zu ihm: Herr, wenn er schläft, wird er gesund werden. Jesus hatte aber von seinem Tod gesprochen. Jene meinten jedoch, er spreche von der Ruhe des Schlafes. Da erst sagte Jesus ihnen offen: Lazarus ist gestorben. Und ich freue mich für euch, dass ich nicht dort war, damit ihr glauben lernt. Aber jetzt wollen wir zu ihm gehen. Da sagte Thomas, mit dem Beinamen Zwilling, zu seinen Mitjüngern: Also, gehen auch wir hin, um mit ihm zu sterben.

Bei seiner Ankunft fand ihn Jesus schon vier Tage begraben. Betanien lag nahe bei Jerusalem, etwa fünfzehn Stadien entfernt. Viele Juden waren zu Marta und Maria gekommen, um sie über ihren Bruder zu trösten. Als Marta hörte, dass Jesus komme, ging sie ihm entgegen. Maria aber blieb im Haus sitzen. Da sagte Marta zu Jesus: Wenn du hier gewesen wärst, wäre mein Bruder nicht gestorben. Aber auch jetzt weiß ich, dass dir Gott alles gewähren wird, um was du ihn bittest. Jesus sagte zu ihr: Dein Bruder wird auferstehen. Marta sagte zu ihm: Ich weiß, dass er auferstehen wird bei der Auferstehung am Jüngsten Tag. Jesus sagte zu ihr: Ich bin die Auferstehung und das Leben. Wer an mich glaubt, wird leben, auch wenn er stirbt. Und jeder, der lebt und an mich glaubt, wird in Ewigkeit nicht sterben. Glaubst du das? Sie sagte zu ihm:

Ja, Herr, ich habe den Glauben, dass du der Messias bist, der Sohn Gottes, der in die Welt kommen soll.

Nach diesen Worten ging sie und rief ihre Schwester Maria, indem sie leise zu ihr sagte: Der Meister ist da und ruft dich. Sobald sie das gehört hatte, stand sie rasch auf und ging zu ihm. Jesus aber war noch nicht in das Dorf gekommen, sondern befand sich noch an der Stelle, wo Marta ihn getroffen hatte. Als die Juden, die bei ihr im Haus waren und sie trösteten, Maria so rasch aufstehen und hinausgehen sahen, folgten sie ihr in der Meinung, sie gehe zum Grab, um dort zu weinen. Als nun Maria dorthin kam, wo Jesus war, und ihn sah, fiel sie ihm zu Füßen mit den Worten: Herr, wärst du hier gewesen, dann wäre mein Bruder nicht gestorben. Als Jesus sah, wie sie weinte und wie die zugleich mit ihr gekommenen Juden weinten, geriet er in zornige Erregung und sagte: Wo habt ihr ihn hingelegt? Sie antworteten ihm: Herr, komm und sieh. Da weinte Jesus.

Da sagten die Juden: Seht, wie lieb er ihn hatte! Einige aber sagten: Konnte er, der die Augen des Blinden geöffnet hat, nicht auch verhindern, dass dieser starb? Jesus geriet erneut in Zorn und ging zum Grab. Es war eine Höhle und ein Stein lag davor. Jesus sagte: Hebt den Stein weg! Marta, die Schwester des Verstorbenen, sagte zu ihm: Herr, er riecht schon; er ist schon vier Tage tot. Jesus erwiderte ihr: Habe ich dir nicht gesagt, dass du die Herrlichkeit Gottes sehen wirst, wenn du glaubst? Da nahmen sie den Stein weg, Jesus aber erhob seine Augen und betete: Vater, ich danke dir, dass du mich erhört hast. Ich wusste, dass du mich allezeit erhörst. Aber ich habe es wegen der dabeistehenden Menge gesagt, damit sie glauben, dass du mich gesandt hast. Nach diesen Worten rief er mit lauter Stimme: Lazarus, komm heraus! Da kam der Tote heraus, Füße und Hände mit Binden umwickelt, und sein Gesicht war mit einem Schweißtuch verhüllt. Jesus sagte zu ihnen: Macht ihn frei und lasst ihn gehen!

Viele Juden, die zu Maria gekommen waren und gesehen hatten, was Jesus getan, glaubten an ihn. Einige aber von ihnen gingen zu den Pharisäern und erzählten ihnen, was er getan hatte.

Joh 11,1–46

Die Auferweckung des Lazarus ist das siebte und zugleich das letzte Zeichen, das Jesus im Johannesevangelium wirkt. Es ist auch das spektakulärste Zeichen, schließlich kehrt ein Toter ins Leben zurück. Der hebräische Name „Lazarus" bedeutet so viel wie „Gott hat geholfen". Zugleich erinnert der Name an ein Gleichnis, das wiederum nur im Lukasevangelium zu finden ist. (Vgl. Lk 16,19–31) Es lohnt sich, dieses kurz zu betrachten: Dort erzählt Jesus von einem reichen Mann, der in Saus und Braus lebt und kein Erbarmen mit einem armen Mann namens Lazarus kennt, der vor seinem Haus dahinvegetiert. Beide sterben. Während der Reiche in die Unterwelt kommt und dort schrecklichen Qualen ausgeliefert ist, wird der arme Lazarus in Abrahams Schoß gebettet.

Der Reiche bittet Abraham, Lazarus zu seinen Verwandten zu schicken, damit nicht auch sie noch diese Qualen erleiden müssen. Abraham jedoch schlägt ihm diese Bitte aus mit der Begründung: „Wenn sie auf Mose und die Propheten nicht hören, werden sie sich auch nicht überzeugen lassen, wenn einer von den Toten aufersteht." (Lk 16,31)

Abrahams Antwort korrespondiert mit der Erweckung des Lazarus, wie sie nur das Johannesevangelium überliefert. Auch hier bewirkt die Rückkehr des Lazarus aus dem Tod keine Einsicht bei den Gegnern Jesu. Vielmehr fasst der Hohe Rat den Beschluss, Jesus baldmöglichst töten zu lassen, gerade weil er durch die Totenerweckung viele beeindruckt hat. (Vgl. Joh 11,45–57) Lazarus wird uns als Freund Jesu vorgestellt und es heißt, dass Jesus ihn liebt. Das Gleiche wird von seinen beiden Schwestern Maria und Marta gesagt. Das griechische Wort *philein*, das hier verwendet wird, beschreibt eine tiefe freundschaftliche Verbundenheit. Damit können wir Lazarus in Zusammenhang bringen mit dem Lieblingsjünger, den Jesus liebt. Lazarus und seine beiden Schwestern genießen eine ähnliche Wertschätzung wie der Lieblingsjünger. Und alle erfahren, dass die Freundschaft und die Liebe stärker sind als die Macht des Todes.

Aus Sorge um ihren Bruder, der schwer erkrankt und offensichtlich dem Tode nah ist, schicken die beiden Schwestern Marta und Maria nach Jesus. Er möge kommen und seinem Freund Lazarus in der lebensbedrohlichen Situation beistehen. Allein das ist schon ein großer Vertrauenserweis. Doch Jesus lässt sich viel zu viel Zeit, sodass Lazarus letztlich schon vier Tage im Grab liegt, als er endlich ankommt. Auch wenn ich die Geschichte schon oft gehört und gelesen habe und um ihr gutes Ende weiß, ist für mich dieses Verhalten Jesu nach wie vor unglaublich provokant. Hätte er sich nicht mehr beeilen können? Was soll das Zuspätkommen gerade bei einem Freund, der schwer erkrankt ist und dessen Umfeld auf seinen Beistand hofft? Warum setzt er theologische Ziele über die konkrete Hilfe? Hätte Jesus nicht durch ein Heilungswunder Lazarus den Todeskampf ersparen können? All das klingt auch bei einigen der Gäste an, wenn sie vorwurfsvoll feststellen: „Konnte er, der die Augen des Blinden geöffnet hat, nicht auch verhindern, dass dieser starb?" (Joh 11,37) Jesu Zuspätkommen wirft noch weitere Fragen auf, die gerade gläubige Menschen häufig beschäftigen: Warum muss so viel Leid geschehen, bis Gott eingreift und hilft? Warum lässt er sich so oft Zeit und kommt zu spät? Freilich verfolgt das Johannesevangelium mit diesem bewusst verwendeten Verzögerungsmotiv ein literarisches Ziel. Zum einen soll wohl die Dramaturgie und Spannung gesteigert werden. Zum anderen wird deutlich, dass es auch in diesem Zusammenhang nicht um die Frage nach dem „Warum", sondern nach dem „Wozu" geht. In dieser Stelle wird das „Wozu" auch klar formuliert: Die Herrlichkeit Jesu und damit seine göttliche Herkunft soll sichtbar werden. (Vgl. Joh 11,40) Schon vor dem Kreuzestod Jesu soll durch das letzte der sieben Zeichen gezeigt werden, dass dieser Mensch alle Macht hat und Gottes Sohn ist. Inmitten der irdischen Realität des Todes leuchtet durch ihn eine andere Wirklichkeit auf. Er hat das Leben, das den Tod besiegen wird.

Das hat Konsequenzen für alle, die sich mit Jesus tief verbunden wissen. Jesus wird seinen Freund Lazarus aufwecken, um ihn etwas über diese Welt mit neuen Augen sehen zu lassen. Gleichzeitig wird auch unser Blick geschärft. Zwar können wir uns dem Tod nicht entziehen, aber der Tod ist nur Schlaf. Wenn Gott Mensch wird, dann steigt er auch in unsere Gräber hinab, um uns herauszurufen. Nichts anderes wurde schon im Prolog des Johannesevangeliums angekündigt: „Und das Licht scheint in der Finsternis, und die Finsternis hat es nicht ergriffen." (Joh 1,5)

Die Freundschaft mit Jesus, für die Lazarus und seine Schwestern stehen, ist Freundschaft mit Gott und bedeutet Leben über die Grenzen des Todes hinaus. Das soll sichtbar werden, wenn Jesus zu spät kommt, sein Freund in der Zwischenzeit gestorben ist und er ihn wieder zum Leben erweckt. Wer in Jesu Liebe lebt, der hat das Leben. Das spricht Jesus ebenso allen Jüngern im Abendmahlssaal zu, wenn er diese ausdrücklich seine Freunde nennt und sich dadurch deutlich abgrenzt vom Meister-Knecht-Verhältnis. Zugleich fordert er sie auf, in seiner Liebe zu bleiben. (Vgl. Joh 15) Seine Liebe und die lebendige Beziehung mit ihm ist stärker als die Macht des Todes. Für diese Überzeugung wird er am Kreuz sein Leben hingeben und drei Tage danach vom Tod aufstehen. Diesen österlichen Glauben, der das ganze Johannesevangelium durchzieht, bringt eindrucksvoll das Gespräch zum Ausdruck, das Jesus zunächst mit Marta führt. Es gipfelt in der Selbstaussage: „Ich bin die Auferstehung und das Leben. Wer an mich glaubt, wird leben, auch wenn er stirbt. Und jeder, der lebt und an mich glaubt, wird in Ewigkeit nicht sterben. Glaubst du das?" (Joh 11,25–26)

Im griechischen Urtext steht hier *eis eme*, das sich wörtlich mit „wer in mich eingeht", bzw. „wer in mir lebt" übersetzen lässt. Wer also diesen Jesus von Nazaret zum Freund hat, sich auf ihn einlässt und mit ihm in lebendiger Beziehung steht, der hat das Leben. Auferstehung ist nicht etwas, das sich irgendwann in ferner Zukunft ereignen wird, sondern es ist schon im Hier und Jetzt erfahrbar. Auferstehung hat etwas mit lebendiger Beziehung und bleibender Freundschaft zu tun. Wenn sich ein Mensch ganz auf einen anderen einlässt, dann trägt diese Beziehung auch im Tod.

Beim letzten Zeichen geht es also nicht um die Wiederbelebung eines Leichnams oder die Frage, wie der Verwesungsprozess rückgängig gemacht werden kann. Vielmehr wird eindrucksvoll ins Bild gesetzt, dass die lebendige Beziehung mit Gottes Sohn durch den Tod nicht zerstört werden kann. Wir könnten auch mit einem Wort aus dem Hohelied feststellen: Die Liebe kann vom Tod nicht vernichtet werden, denn „stark wie der Tod ist die Liebe" (Hld 8,6). Diese Überzeugung fasst Marta in das österliche Bekenntnis: „Ja, Herr, ich habe den Glauben, dass du der Messias bist, der Sohn Gottes, der in die Welt kommen soll." (Joh 11,27)

Die Titel „Herr", „Messias", „Sohn Gottes", die Marta für den Freund verwendet, zeigen deutlich an, dass sie darauf vertraut, dass die Welt des Todes durch die Freundschaft mit Jesus mit Leben erfüllt wird. Für sie ist er die Verkörperung des Lebendigen, der Bringer des Lebens schlechthin, sodass der Freund auch durch den Tod nicht aus seiner Liebe herausfallen kann. Letztlich vertraut Marta darauf, dass ihre Freundschaft zu Jesus trägt und er sie nicht enttäuscht. Nichts anderes thematisiert die nun folgende Begegnung zwischen Maria und Jesus.

Indem Maria Jesus zu Füßen fällt, zeigt sie, dass sie ihre ganze Hoffnung auf ihn setzt. Zugleich ist die Geste Ausdruck von liebender Verehrung, die sie Jesu entgegenbringt. Das wiederum unterstreicht seine Reaktion. Ihre Tränen und die Trauer ihrer Gäste gehen ihm zu Herzen. Jesus ist tief berührt. Im Innersten bewegt und voller Empathie stellt er die Frage: „Wo habt ihr ihn hingelegt?" Er will den Ort der Trauer aufsuchen und sich mit dem toten Freund konfrontieren. Sein Weinen veranschaulicht auf berührende Weise, dass er mitfühlt, und macht deutlich, wie verletzt seine Liebe ist. Zugleich ist die zornige Erregung ein erster Hinweis, dass er sich mit dem Tod nicht abfinden wird. Er ist sein eigentlicher Feind, den es, um des Menschen willen, zu besiegen gilt. Sowohl die Tränen als auch die Frage, wo der tote Freund zu finden sei, korrespondieren mit der Osterszene, wenn Maria von Magdala weinend am leeren Grab steht und den vermeintlichen Gärtner nach dem toten Leichnam fragt. (Vgl. Kap. 10) Die Frage, *Wo habt ihr ihn hingelegt?*, spiegelt daher das trotzige Auflehnen gegen den Tod. Jesus lässt sich vom Tod nicht seinen Freund und die Liebe nehmen, so können wir feststellen. Die Antwort Marias, „Komm und sieh!", erinnert an die erste Szene, die wir betrachtet haben, als Jesus den suchenden Männern begegnete und ihnen seine Bleibe zeigte mit den Worten: „Kommt und seht!" (Joh 1,39) Ebenso korrespondiert sie mit der letzten Szene im Nachtrag des Evangeliums. Dort begegnet der Auferstandene seinen Jüngern am See von Tiberias und lädt sie ein mit den Worten: „Kommt und esst!" (Joh 21,12)

Er selbst ist das Lebensmittel, der Lebensvermittler schlechthin. Wer auch im Tod bei ihm bleibt, der hat das Leben. Daher geht Jesus mit großer Entschlossenheit zum Grab und stellt sich selbstbewusst der Gewalt des Todes. Er konfrontiert sich mit dem Tod und findet sich nicht mit ihm ab, auch wenn Maria ihn vorwarnt: „Er riecht schon!" Sein Machtwort allein genügt, um Lazarus aufzuwecken und ihn zum Leben zu befreien: „Lazarus komm heraus! ... Macht ihn frei und lasst ihn gehen!" Diese österlichen Worte erfüllen den Ort des Todes mit Leben. Lazarus kommt heraus und alle sehen, dass die Liebe stärker als der Tod ist.

Die Geschichte endet etwas nüchtern und abrupt. Es gibt keine unmittelbaren Reaktionen. Auch der Neuerweckte legt kein Bekenntnis ab, sondern verschwindet fast spurlos von der Bildfläche. Erst später wird Lazarus noch einmal erwähnt; Sensationslustige wollen das „Schauobjekt" der Totenerweckung sehen. (Vgl. Joh 12,9) Die Reaktion der Gegner hingegen wird sehr ausführlich geschildert. Aufgrund der spektakulären Totenerweckung, die Viele zum Glauben an Jesus führt, fasst der Hohe Rat den Beschluss, Jesus baldmöglichst töten zu lassen.

Mit dem letzten Zeichen, das das Johannesevangelium überliefert, wird deutlich, dass sich Gott in Jesus von Nazaret in aller Konsequenz auf unser Leben einlässt. Mit der Frage, *Wo habt ihr ihn hingelegt?*, konfrontiert er sich mit der Existenz des Todes und stellt sich dem Grab. Zwar werden wir weiterhin sterben und unser irdischer Leib wird wie der des Lazarus einmal schon riechen und verwesen, aber der Tod hat keine Macht mehr. Wer bei Jesus bleibt und die Freundschaft mit ihm pflegt, lebt in einer anderen Wirklichkeit, so lautet das Credo des Vierten Evangeliums. So verstanden ist die Frage, *Wo habt ihr ihn hingelegt?*, eine echte Anfrage an unseren Osterglauben.

Bewusst leben

Regelmäßig besucht mich zur geistlichen Begleitung eine Ordensfrau, die aus den neuen Bundesländern stammt und in ihrem Elternhaus zu DDR-Zeiten atheistisch erzogen wurde. Erst nach der Wende fand sie als erwachsene Frau zum christlichen Glauben und trat vor einiger Zeit einer benediktinischen Gemeinschaft bei. Sie erzählte mir von der Beerdigung ihrer Mutter, die als weltliche Trauerfeier mit Redner gestaltet wurde und bei der sie zum ersten Mal ihre Ordenskleidung in ihrer Heimatstadt trug. Nach der Trauerfeier meinte ihr Vater zu ihr: „Du hast es mit deiner derzeitigen Weltanschauung einfacher, mit der Trauer und dem Verlust umzugehen!"

Mich berührt diese Begebenheit, zumal die Ordensfrau von ihrem „Coming-out" in ihrer Heimat sprach. Das erinnerte mich unweigerlich an die Lazarusgeschichte. Wie wir eben betrachtet haben, geht es hier um eine innigliche Verbundenheit an der Grenze des Lebens. Mit ihrer Ordenskleidung zeigte die Benediktinerin an, dass sie an Gott glaubt und aktive Christin ist. Anscheinend spürte der Vater, dass die Gottesbeziehung seiner Tochter ihr Halt und Sicherheit gibt. Das äußere Zeichen des Ordenskleids deutete für ihn auf eine andere Wirklichkeit hin, die selbst angesichts des Todes trägt oder es zumindest leichter macht, den Schmerz des Verlustes zu verkraften. Der Begriff „Weltanschauung", den der Vater dabei verwendete, ist interessant. Seine Tochter kann die Welt mit ihrem Werden und Vergehen mit anderen Augen sehen, so seine Wahrnehmung. Sie hält sich die Möglichkeit offen, dass die Mutter nur schläft, bzw. in der ewigen Liebe Gottes weiterlebt, während er selbst nur das reale Ende sehen kann, entsprechend der Warnung: „Er riecht schon."

Die Frage, *Wo habt ihr ihn hingelegt?*, bekommt damit eine besondere Tiefe. Wir kommen um die Existenz des Todes in unserem Leben nicht herum, auch wenn wir ihn gerne irgendwo „entsorgen" würden. Doch nicht so sehr der Bestattungsort als vielmehr unsere „Weltanschauung", unser Umgang mit dem Tod steht im Vordergrund. Es ist hilfreich, einmal darüber nachzudenken, welche Konsequenzen sich aus der Geschichte von der Totenerweckung des Lazarus für mich, meinen Glauben, mein Gottesbild und meine Vorstellungen vom Tod ergeben. Unweigerlich werden wir an verschiedenen Punkten unseres Lebens mit dem Tod konfrontiert. In diesen Momenten stellen sich uns Fragen wie: Wie sehe ich eigentlich das Leben? Ist es für mich ein einziges Kommen und Gehen? Was bleibt, wenn wir sterben? Und ist der Tod wirklich das Ende?

In Traueranzeigen ist manchmal ein Vers zu lesen, der Immanuel Kant (1724–1804) zugeschrieben wird: „Wer im Gedächtnis seiner Lieben lebt, der ist nicht tot, der ist nur fern; tot ist nur, wer vergessen wird." Die Frage, *Wo habt ihr ihn hingelegt?*, wird aus Liebe und Freundschaft gestellt. Jesus hat seinen Freund Lazarus nicht vergessen, wie es zunächst scheint. Vielmehr lebt Lazarus in seinem Herzen weiter, wie Jesu Tränen und seine innere Erschütterung zum Ausdruck bringen. Es ist eine lebendige Freundschaft, die selbst der Tod nicht zerstören kann. Gewiss wird irgendwann der Zeitpunkt kommen, an dem jeder Verstorbene einmal vergessen ist, weil auch der Letzte, der von ihm wusste, aus dem Leben geschieden ist. Ist dann endgültig alles vorbei? Wir wissen es nicht. Vielleicht, so könnten wir vorsichtig feststellen, ist Gott der liebende Gedanke an jeden einzelnen von uns. Am Anfang unseres Lebens stand der Gedanke, dass Gott jeden von uns, also auch mich ganz persönlich, wollte und mich deshalb ins Leben rief. Wenn Gott nun ewig und bleibend ist, dann kann dieser Gedanke nach unserem Tod auch nicht erlöschen. Vielleicht ist das die Botschaft, die hinter der Frage Jesu steht, *Wo habt ihr ihn hingelegt?* Diese Frage und der damit verbundene Ruf, „Lazarus, komm heraus!", machen noch etwas anderes deutlich: Der Himmel als Ort der Begegnung Gottes mit dem Menschen kann nicht ein konkreter Ort sein. Der theologische Begriff „Himmel" beschreibt vielmehr einen Zustand.

In diesem Zusammenhang erinnere ich mich an eine Begebenheit im Religionsunterricht, für die ich bis heute dankbar bin: Als junger Kaplan behandelte ich mit den Drittklässlern kurz vor Ostern das Thema Auferstehung. Ein Kind wollte daraufhin wissen, wie das geht, wenn man einmal im Grab liegt und verwest, dass man mit seinem Körper wieder unversehrt aufersteht. Ich muss ehrlich gestehen, dass ich etwas verlegen nach einer verständlichen Antwort suchte und auch nach längerem Überlegen keine passende für die Kinder fand. Überraschend meldete sich ein anderer Junge und meinte: „Das ist doch ganz einfach; wenn ich in den Himmel komme, dann will mich der liebe Gott umarmen!" Für mich war dies eine Sternstunde, in der ich sehr viel gelernt habe. Zwar kann ich nicht erklären, wie Auferstehung biologisch vonstattengehen soll, aber die Aussage des Jungen bringt alles auf den Punkt: Wenn es den Himmel gibt, dann ist er ein Zustand des (unendlichen) Glücks, den ich fühle und erlebe, der mich ganz und gar erfüllt und mein ganzes Leben vollendet. Zu diesem Zustand gehören wesentlich mein Körper und meine Sinnlichkeit. Ich stelle es mir in etwa so vor, wie wenn sich zwei alte Freunde nach langer Zeit persönlich wiedertreffen und sich herzlich umarmen. In solchen Momenten bleibt die Zeit kurz stehen und wir spüren das Glück und ein Stück der Ewigkeit, die in unser Leben bricht. Letztlich kann ein solches Erleben nur ansatzweise in Worte gefasst werden. Der Himmel wäre dann die vollendete Gottesbeziehung und Gott ruft mir zu: Komm heraus! Bei mir darfst du ganz der sein, der du bist, wie ich dich von Anfang an gedacht habe. Komm heraus, aus der Welt der Missverständnisse und Verurteilungen, die dich belasten und gefangen halten. Nimm den Stein weg und komm heraus, aus den eigenen Selbstentfremdungen, aus den Verstrickungen, dort, wo du dich verfehlt hast, wo du gesündigt und Schuld auf dich geladen hast! Komm heraus und sei endlich und ewig der, den ich von Anfang an gedacht und geliebt habe.

Gott hat bleibendes Interesse an mir auch nach meinem Tod, so ist die Überzeugung des Johannesevangeliums. Gott wäre dann weniger der Richter, der zugrunde richtet und aburteilt. Vielmehr wäre er der Freund, der es zum Guten richtet und in Ordnung bringt, weil ich durch seine Freundschaft zu dem werde, der ich bin. Das ist sein bleibendes Interesse.

Das Geheimnis Gottes kann ich suchen in der Frage nach meinem Tod. Von daher bekommt die Weisung des heiligen Benedikt, dass wir Mönche uns den unberechenbaren Tod täglich vor Augen führen sollen, eine ganz andere Richtung. (Vgl. RB 4,47) Sie ist nicht mehr Angstmache bei aller Ungewissheit, die der Tod für einen jeden bedeutet. Sie ist vielmehr Ermunterung, angesichts meines natürlichen Endes mein Leben als kostbar und wertvoll zu entdecken. Wenn ich mit dem

Tod in meinem Leben täglich rechne, dann verliert er dadurch seine angstmachende Unberechenbarkeit. Das bedeutet aber auch, wir sollten die Zeit weder totschlagen noch sie einfach so vertreiben; wir sollten sie mit Leben erfüllen. Nichts anderes beschreibt die *Ars moriendi*, die „Kunst des Sterbens", die immer zugleich eine *Ars vivendi,–* eine „Kunst des Lebens", ist. Angesichts des Todes gilt es, unsere Zeit sinnvoll zu nutzen und, wenn möglich, diese auch als Geschenk zu genießen. Wir brauchen jetzt nicht ein Event nach dem anderen zu planen, sondern dürfen uns um unvergängliche Güter bemühen und uns fragen: Was soll von mir bleiben, wenn ich einmal gestorben bin? Welche Taten meiner Liebe bleiben zurück? Die Geschwister Lazarus, Marta und Maria stehen für eine tiefe Freundschaft, die durch alle Krisen hindurch trägt. Für mich stellen sich daraus die Fragen: Wo ist mein Betanien, wo ich Verlässlichkeit, Vertrauen und Freundschaft erlebe? Wo lebe ich auf und wo lebe ich weiter? Indem ich mich der Frage nach meiner Endlichkeit stelle, begegne ich der Frage nach dem Unendlichen und Ewigen. Kann ich diese Fragen aushalten und mit Leben füllen? *Wo habt ihr ihn hingelegt?* – In dieser Frage Jesu schwingen für mich noch weitere Fragen mit, denen ich mich immer wieder neu stellen muss: Wo habt ihr ihn hingelegt, euren Glauben an das Leben, sodass er neu erweckt werden kann? Wo habt ihr sie abgelegt, eure Hoffnung auf Ewigkeit, sodass sie neu belebt werden kann? Wo habt ihr sie beigesetzt, eure Liebe, sodass sie neu entfacht werden kann? Wo habt ihr ihn hingelegt, den geliebten Freund?

Auf einfühlsame Weise widmet sich der französische Schriftsteller Éric-Emmanuel Schmitt in seinem Buch *Oskar und die Dame in Rosa* der Frage nach einem Leben nach dem Tod aus christlicher Sicht. Es schildert die Geschichte eines 10-jährigen Jungen namens Oskar, der unheilbar an Leukämie erkrankt ist. Mit einer Frau, die er „Dame in Rosa" nennt, spricht Oskar über seine lebensbedrohliche Erkrankung. Weil es ihm schwerfällt, an Gott zu glauben, motiviert ihn seine Begleiterin, diesem täglich einen Brief zu schreiben. Am Ende stirbt Oskar und auf seinem Nachttisch findet sich ein Zettel mit der Aufschrift: „Nur der liebe Gott darf mich wecken!" Mich beeindruckt das große Vertrauen, das hinter dieser Aussage steht und doch alles offen lässt. Wenn es ein Leben nach dem Tod gibt, dann nur mit einem bzw. mit dem „lieben" Gott. Mit allen anderen Göttern hat es keinen Sinn. In der Vollendung gibt es die Liebe oder nichts. Was es aber bedeutet, von einem lieben Gott geweckt zu werden, das bringt das Johannesevangelium durch die Geschwister Lazarus, Marta und Maria eindrücklich ins Bild. Gräber und Friedhöfe sind keine „Ablageorte", sie sind Provokation. Sie konfrontieren uns mit der Endlichkeit und fordern uns dadurch auf, unser Leben sinnvoll zu füllen. Was bleibt nach meinem Tod? Adam, Mensch, wo bist du? Was suchst du? *Wo habt ihr ihn hingelegt?*

Kapitel 8
Meine Schwächen als Gottesfrage

In manchen Klöstern ist es Brauch, dass die Novizen am Fest der Unschuldigen Kinder, am 28. Dezember, für einen Tag die Führungsfunktionen im gemeinschaftlichen Leben übernehmen. Anstelle des Abts und der Oberen haben sie den Vorsitz beim Gebet und bei den Mahlzeiten. Sie geben lustige Anweisungen, halten spaßige Reden und versuchen auf humorvolle Weise ihre Oberen zu karikieren. Die Oberen dagegen sitzen wie sonst die Novizen bei Tisch an den untersten Plätzen, nehmen den Tischdienst wahr und müssen an diesem Tag so manche Kritik über sich ergehen lassen. Zugleich können die Oberen so in die Rolle der Neulinge und Unwissenden schlüpfen, allerlei Unsinniges von sich geben und dadurch so manches hinterfragen. All das kann zu allgemeiner Erheiterung führen, aber auch auf das ein oder andere kritisch hinweisen, was vielleicht gerade nicht so gut läuft, und es hebt hervor, worum es eigentlich im klösterlichen Zusammenleben gehen sollte. Auch in diesem Zusammenhang trifft zu: „Kinder und Narren sagen die Wahrheit!"

Dieser tiefgründige Rollentausch hat wohl seinen Ursprung in der römischen Antike. Bei den Saturnalien, die Ende Dezember zu Ehren des Gottes Saturn ausgelassen gefeiert wurden, wurden die Standesunterschiede aufgehoben und bisweilen auch die gesellschaftlichen Positionen vertauscht. Die Herren bedienten ihre Sklaven und verwöhnten sie mit kostbaren Speisen und Weinen. Als Zeichen für diese Auszeit von den bestehenden Gesellschaftsstrukturen stand das *Pilleum*, eine Filzkappe, die ansonsten nur von freigelassenen Sklaven getragen wurde. Während der Zeit der Saturnalien jedoch war das Tragen des *Pilleums* der symbolische Ausdruck dafür, dass während der Festtage jeder gleichermaßen frei ist und keine Standesunterschiede bestehen. Die wohlgeordnete römische Standeswelt wurde für eine kurze Zeit auf den Kopf gestellt, sogar die sonst so strenge Kleiderordnung wurde aufgehoben: Kein römischer Bürger legte wie gewohnt eine Toga an. Stattdessen trugen sie Tuniken oder legere und deutlich freizügigere Kleidung als normalerweise. Damit waren auch rein äußerlich keine sozialen Ränge mehr erkennbar. Auf den Straßen und Plätzen wurde ausgelassen gefeiert. Sklaven hatten während der Festtage das Recht der freien Rede; es war ihnen erlaubt, ihre Meinung zu äußern und sogar laut Kritik an ihren Herren zu üben. Auch Kinder durften unverblümt ihre Meinung sagen, und bisweilen tauschten sie sogar mit ihren Eltern die Rollen.

Beide Beispiele veranschaulichen: Ein solcher Rollentausch hat es in sich. Er hilft uns, manches mit anderen Augen zu sehen und neu zu entdecken. Auch in unserer Zeit werden sie praktiziert, besonders in der „Narrenzeit". Wenn man sich z. B. an Fastnacht, Fasching bzw. Karneval verkleidet und für gewisse Zeit in eine andere Rolle schlüpft und in deren Welt entweicht. Der eine kann als Clown endlich einmal Unsinn treiben, die andere kann sich als Prinzessin hofieren lassen und wieder andere sind als Gangster die Bösen, erobern als Piraten die Meere oder machen sich als Pippi Langstrumpf die Welt, wie sie ihnen gefällt. Wir können uns und unsere Sehnsüchte und so manchen geheimen Wunsch, einmal ein ganz anderer zu sein, ausleben.

Ähnliches geschieht beim Theater und beim Film. Wenn ein Schauspieler beispielsweise in einem historischen Werk die Hauptrolle übernimmt, dann beschäftigt er sich intensiv mit dieser Person. Er fragt sich, was das für ein Mensch gewesen ist, welche Charakterzüge ihn prägten, wie er sprach und auftreten ist, wie er sich kleidete und gab. All das gilt es, für eine Zeit zu verinnerlichen. Eine Rolle kann zu einem Menschen gut passen und ihn auf seinem Lebensweg weiterbringen, sodass wir feststellen, dass diese ihm auf den Leib geschrieben ist. Manchmal identifiziert sich ein Künstler so sehr mit einer Rolle, gerade dann, wenn er sie länger spielt, dass diese verhaltensbestimmend wird und er sie gar nicht mehr abzustreifen vermag. Das lässt sich auch auf andere Aufgaben und Lebensbereiche übertragen. Mitunter stellen wir fest, dass ein Mensch „der geborene" Buchhalter oder „die geborene" Ärztin ist.

Rollenspiele können ebenso im Rahmen einer Supervision hilfreich sein. Indem ich fiktiv für eine Spielszene in das Leben eines anderen schlüpfe und mich ganz auf ihn einlasse, kann ich neue Erkenntnisse über diese Person gewinnen. Ich kann mitfühlen, wie sie an starre Bedingungen und Begebenheiten gebunden ist. Ich kann erkennen, warum er etwa aufgrund seiner familiären Situation nicht aus seiner Haut kann und es ihm nur schwer gelingt, gewohnte Verhaltensmuster abzulegen, oder ich erlebe, wie sehr es schmerzt, aufgrund einer anderen Nationalität beschimpft und ausgegrenzt zu werden. Zugleich helfen Rollenspiele vor vorschnellen Übertragungen, Urteilen und gut gemeinten Ratschlägen. Sie geben die Möglichkeit, Perspektiven zu wechseln und Horizonte zu erweitern, sodass man hin und wieder überrascht feststellt: So habe ich das noch nie gesehen!

Rollentausch und Rollenspiel motivieren, die Welt mit anderen Augen zu sehen, und können auf wesentliche Dinge aufmerksam machen, die uns sonst im Alltag oft verborgen bleiben. All das schwingt mit, wenn Jesus vom Mahl aufsteht und seinen Jüngern die Füße wäscht. Seine anschließende Frage, „Versteht ihr, was ich an euch getan habe?", zielt dabei auf ein tieferes Begreifen dessen, was seine Mission ist. Der Rollentausch, den er als Meister vollzieht, indem er die Aufgabe des Sklaven übernimmt, wird beispielhaft und will den Blick dafür schärfen, was ein Bleiben bei ihm, was Christsein bedeutet.

Versteht ihr, was ich an euch getan habe?

Es war vor dem Paschafest. Jesus wusste, dass seine Stunde gekommen war, um aus dieser Welt zum Vater hinüberzugehen; und weil er die Seinen, die in der Welt waren, liebte, so liebte er sie bis zum Ende. Man war bei Tisch und der Teufel hatte Judas, dem Sohn des Simon Iskariot, schon ins Herz gelegt, ihn zu verraten. Da erhob sich Jesus, der wusste, dass der Vater ihm alles in die Hände gegeben und dass er von Gott ausgegangen war und nun zu Gott zurückkehrte, vom Mahl auf, legte die Oberkleider ab, nahm ein Leinentuch und band es sich um. Dann goss er Wasser in das Waschbecken und begann, den Jüngern die Füße zu waschen und mit dem Leinentuch abzutrocknen, das er sich umgebunden hatte. Als er zu Simon Petrus kam, sagte der zu ihm: Herr, du willst mir die Füße waschen? Jesus antwortete ihm: Was ich tue, verstehst du jetzt nicht; aber später wirst du es begreifen. Petrus entgegnete ihm: Niemals sollst du mir die Füße waschen! Jesus antwortete ihm: Wenn ich dich nicht wasche, hast du keinen Anteil an mir. Da sagte Simon Petrus zu ihm: Herr, nicht nur meine Füße, sondern auch die Hände und den Kopf! Jesus sagte zu ihm:

Wer gebadet ist, hat nicht nötig, sich zu waschen, sondern ist ganz rein. Auch ihr seid rein; aber nicht alle. Denn er kannte seinen Verräter. Deshalb sagte er: Ihr seid nicht alle rein.

Als er ihnen die Füße gewaschen, seine Oberkleider angelegt und sich wieder zu Tisch gelegt hatte, sagte er zu ihnen: Versteht ihr, was ich an euch getan habe? Ihr sagt zu mir Meister und Herr, und mit Recht tut ihr das; denn ich bin es. Wenn nun ich, der Herr und Meister, euch die Füße gewaschen habe, müsst auch ihr einander die Füße waschen. Denn ich habe euch ein Beispiel gegeben, damit auch ihr tut, wie ich an euch getan habe. Amen, amen, ich sage euch: Der Knecht ist nicht größer als sein Herr und der Abgesandte nicht größer als der, der ihn gesandt hat. Wenn ihr das wisst – selig seid ihr, wenn ihr danach handelt.

Joh 13,1–17

Der Bericht von der Fußwaschung wird nur im Johannesevangelium überliefert. Er steht am Anfang des zweiten Teils des Evangeliums und leitet die Leidensgeschichte Jesu ein. Einen Bericht vom letzten Abendmahl, wie wir es aus den anderen drei Evangelien kennen, gibt es bei Johannes nicht. Es mag zunächst überraschen, dass dieser zentrale Text im Vierten Evangelium ausgelassen wurde. Manche Exegeten nehmen an, dass dies mit der Schilderung der Brotvermehrung und der ausführlichen Brotrede zusammenhängt. Diese weisen deutliche Bezüge zur Eucharistie auf und sind ausschließlich im Vierten Evangelium zu finden. (Vgl. Joh 6). Auf die Abendmahlserzählung, so die Exegeten, konnte daher verzichtet werden, da zuvor schon alles gesagt wurde und die Fußwaschung gewissermaßen die Ausdeutung der Eucharistie sei.

Schon die einführenden Worte verdeutlichen, dass Jesus seinen Weg ganz bewusst geht. Wieder einmal wird seine

Souveränität betont. Dieses Motiv durchzieht die ganze Leidensgeschichte. Nun ist seine Stunde gekommen; die Stunde, auf die seit der Hochzeit in Kana verwiesen wird. (Vgl. Joh 2,4; 7,30; 8,20; 12,23.27) Die Stunde, in der seine Herrlichkeit offenbar werden soll. Jetzt soll sichtbar werden, wer Jesus wirklich ist. Die Zeitangabe „es war vor dem Paschafest" ist also tiefgründig und korrespondiert mit der Brotvermehrung, die ebenfalls kurz vor dem Pascha stattfand. (Vgl. Joh 6,4) Es ist das Fest des Aufbruchs und des Übergangs, an dem ursprünglich die Nomaden die Städte und die Winterweiden verließen, um die üppigeren Sommerweiden zu suchen, wie wir schon bei der Betrachtung der Brotvermehrung im 4. Kapitel feststellen konnten.

Jesus ist sich also bewusst, dass es nun an der Zeit ist, „um aus dieser Welt zum Vater hinüberzugehen". Wenn hier von der „Welt" die Rede ist, ist damit nicht die Schöpfung gemeint. Das wäre innerbiblisch missverständlich. Der Begriff „Welt" ist vielmehr im Johannesevangelium ein Topos für menschliches Leben weit ab von Gott. In der Theologie würden wir es „Sünde" nennen. Jesus dagegen geht hinüber ganz in die Wirklichkeit Gottes, wenn er von seinem Heimgang zum Vater spricht. Indem Jesus bewusst in den Tod geht, geht er also den Weg in die Freiheit und in das Leben in Fülle. An dieser Wirklichkeit sollen auch „die Seinen in der Welt" teilhaben und somit zum eigentlichen Leben befreit werden. Nichts anderes hatte Jesus ihnen zuvor in der sogenannten Hirtenrede angekündigt. Dort heißt es: „Ich bin der gute Hirt und kenne die Meinen, und die Meinen kennen mich, wie mich der Vater kennt und ich den Vater kenne; ich gebe mein Leben hin für die Schafe." (Joh 10,14–15)

Wie bei der Brotvermehrung können wir in diesem Zusammenhang vom Weidewechsel sprechen. Jesus führt seine

Jünger in die Welt Gottes ein. Er führt sie sozusagen auf fette Weiden und befreit sie von der Kargheit der Winterweide, so wie einst Israel von Gott in die Freiheit geführt wurde. Die Wirklichkeit Gottes ist „Lieben bis zum Ende", wie es am Anfang der Szene heißt. *Telos,* das griechische Wort, das hier für „Ende" verwendet wird, schlägt eine Brücke zum Tod Jesu am Kreuz. Im Johannesevangelium beschließt Jesus sein Leben mit den Worten: „Es ist vollbracht." (Joh 19,30) Wörtlich könnte man auch übersetzen: „Es ist vollendet." Das klingt sehr pathetisch, ja geradezu majestätisch. Auch an dieser Stelle wird im Griechischen das Wort *telos* verwendet. Es geht Jesus also um die Vollendung; darum, dass der Mensch durch seine Hingabe, durch sein Lieben zu dem wird, was er ist. Dafür gibt Jesus sein Leben für die Seinen hin. Darauf deutet die Fußwaschung auf beeindruckende Weise bereits hin.

Interessant ist an dieser Stelle, dass der Begriff *telos* auch die Einweihung in ein Geheimnis bedeuten kann, wie manche Exegeten ausführen. Indem Jesus seinen Jüngern die Füße wäscht, weiht er sie in sein Lebensgeheimnis ein: Gott ist Liebe. (Vgl. 1 Joh 4,16) Unser deutsches Wort „Geheimnis" ist eine Wortschöpfung Martin Luthers (1483–1546) für den griechischen Begriff *mysterion.* Durch die Silbe „heim" bildet es eine Wortfamilie mit „Heim", „Heimat", „heimisch", „heimlich". Alle diese Wörter tragen die Grundbedeutung „vertraut", „geborgen" in sich. So konnte Johann Wolfgang von Goethe (1749–1832) feststellen: „Wer sich dem Geheimnis anvertraut, der ist schon daheim."

Jesus zeigt durch die Fußwaschung seinen Jüngern, wo er wirklich daheim ist: in der Liebe Gottes. Er ist mit dieser Liebe vertraut und gibt durch sein Beispiel eine eindrückliche Antwort auf die Eingangsfrage: „Rabbi, wo ist deine Bleibe?" (Joh 1,38) Damit aber bekommt seine Frage, *Versteht ihr, was ich an euch getan habe?*, eine noch tiefere Dimension: Jesus geht es nicht um ein äußeres Verstehen. Ihm geht es um ein inneres Begreifen, das zu Herzen geht. Er möchte, dass seine Jünger nachvollziehen können, warum er so an ihnen handelt und was es bedeutet, mit ihm und in ihm zu bleiben. Es geht ihm um Verinnerlichung. Darauf verweist auch das griechische Wort *gignoscein* – „erkennen". In dieser Szene wird es mehrfach verwendet und dadurch betont. (Vgl. Joh 13,7.12.35) Wenn die Jünger sein Geheimnis verinnerlichen, indem sie aus der Erinnerung heraus sein Beispiel nachvollziehen, es vergegenwärtigen und leben, dann erkennen sie, wo sie daheim sind. Und auch andere werden es erkennen, wie Jesus am Ende des Abschnitts feststellt: „Daran werden alle erkennen, dass ihr meine Jünger seid, wenn ihr untereinander Liebe habt." (Joh 13,35) Dies legt er ihnen in den darauffolgenden Abschiedsreden mit eindringlichen Worten ans Herz: „Bleibt in meiner Liebe!" (Joh 15,9)

Die Jünger sollen also verinnerlichen, was das Fundament und das Ziel seiner Sendung und damit bleibender Auftrag für sie ist. Dabei ist die Fußwaschung im Johannesevangelium die erste und einzige Unterweisung, die sich ausschließlich an seinen Jüngerkreis richtet. Zuvor hatte er sieben Zeichen öffentlich gewirkt; nun ist er mit den „Seinen" allein. Im geschützten Rahmen offenbart er sein innerstes Geheimnis. Es wird deutlich, wie bedeutsam die Frage, *Versteht ihr, was ich an euch getan habe?*, für jeden ist, der die Nähe zu Jesus sucht. Eindrücklich wird beschrieben, wie Jesus sein Obergewand ablegt und ein Leinentuch als Schürze anlegt. Sie ist, wenn man so will, das einzige liturgische Gewand, das Jesus in seinem Leben verwendet. Das Umbinden der Schürze unterstreicht Aussagen, die Jesus in den anderen drei Evangelien über sich trifft, wenn es dort beispielsweise heißt: „Denn auch der Menschensohn ist nicht gekommen, sich bedienen zu lassen, sondern zu dienen und sein Leben hinzugeben als Lösegeld für viele." (Mk 10,45) Die Fußwaschung verweist auf einen tiefgründigen Rollentausch, wie ihn der theologische Begriff der „Entäußerung Gottes" umschreibt: Aus Liebe zu den Seinen legt Jesus das Obergewand seiner Gottheit ab und umgürtet sich mit dem Leinentuch unseres Menschseins, sodass sich der Vers des Prologs erfüllt: „Aus seiner Fülle haben wir alle empfangen, Gnade um Gnade." (Joh 1,16) Dieser Akt der Gnade, der liebenden Zuwendung, ist Ausdruck der tiefen Solidarität Gottes mit dem Menschen. Es geschieht „gratis", wie wir abgeleitet vom lateinischen Begriff für Gnade – *gratia* – sagen könnten. Wir brauchen nichts dafür zu tun oder geben. Wie das erste Zeichen bei der Hochzeit in Kana, so ist auch die Fußwaschung als erstes Zeichen der Passion Ausdruck dessen, dass sich Gott in seinem Sohn liebevoll auf die menschliche Wirklichkeit einlässt. Das tut er in aller Konsequenz, wie es das ganze Johannesevangelium veranschaulichen will.

Wir dürfen nicht vergessen, dass die Fußwaschung zur Zeit Jesu ein ausgemachter Sklavendienst war. Vor einem gemeinsamen Essen war es geboten, sich zuvor die Füße zu waschen oder waschen zu lassen. Schließlich hafteten Staub und der Dreck der Straßen, ja vielleicht sogar Kot an ihnen. Wenn man, wie es in der Antike üblich war, zu Tisch lag, dann war dieser Reinigungsakt unverzichtbar. Verständlicherweise überließ man diesen aufgrund der unangenehmen Gerüche und der wortwörtlichen „Drecksarbeit" den Sklaven. Fußwaschung bedeutete mahlfähig und somit gemeinschaftsfähig zu werden. Indem Jesus als Meister, wie er selbst von sich sagt, seinen Jüngern die Füße wäscht, wird sein Handeln zum Vorbild von Liebe und Hingabe. Darin bringt er folgendes zum Ausdruck: Weil ich euch liebe, gebe ich mich für euch hin. Für euch bin ich mir für nichts zu schade. Für euch nehme ich jede Drecksarbeit auf mich, um euch mahl- und gemeinschaftsfähig zu machen.

Wenn nun die Fußwaschung im Johannesevangelium anstelle der Abendmahlsberichte steht, dann ist sie Ausdeutung dessen, was bei der Eucharistie geschieht: Aus Liebe gebe ich mich für euch in Brot und Wein mit meinem Leib und Blut hin! Oder wie Jesus bei der Brotrede sagt: „Wer mein Fleisch isst und mein Blut trinkt, der bleibt in mir und ich in ihm." (Joh 6,56) Wir könnten auch sagen: Wer seine Hingabe verinnerlicht, in dem lebt er und er in ihm. Betrachtet man die Szene rein äußerlich, ist sie voller Zärtlichkeit. Wenn wir uns aber vorstellen, dass wir einer der Jünger wären, dann steckt sie auch voller Peinlichkeiten. Wer lässt sich schon gerne von jemand anderem waschen? Wie unangenehm ist es, wenn sich jemand vor einem niederkniet, allein nur um die Schnürsenkel zu öffnen? Wir können mit Petrus mitfühlen, wenn er sich wehrt und Jesus entgegenhält: „Niemals sollst du mir die Füße waschen." (Joh 13,8) Für ihn darf der Meister so etwas nicht tun; das ist unerhört! Eine solche Handlung stellt das Lehrer-Schüler-Verhältnis völlig auf den Kopf. Liebevoll erklärt ihm Jesus, worum es ihm geht. Dafür braucht es keine Haupt- oder Ganzkörperwäsche. Allein die Füße genügen, um zu unterstreichen, worin seine Botschaft besteht: Es geht nicht um eine rein äußerliche Reinigung oder Reinheit. Um zur Gemeinschaft befähigt zu sein, muss man vielmehr innerlich rein sein. Dieses „rein sein" bedeutet, im Herzen zu verstehen, was Jesus will. Sein provokanter Rollentausch soll ein praktisches Beispiel sein, das zu Herzen geht und das er ein paar Verse weiter in eindrückliche Worte gießt: „Ein neues Gebot gebe ich euch: Liebt einander! Wie ich euch geliebt habe, so sollt auch ihr einander lieben." (Joh 13,34)

Die Fußwaschung motiviert zur Nachahmung. Seine Jünger sollen durch ihr Leben seine Weisung erfüllen: „Bleibt in meiner Liebe!" (Joh 15,9) Die Fußwaschung ist weder eine moralische Standpauke noch Einsetzung eines Rituals, wie es in manchen Gemeinden am Gründonnerstag praktiziert wird. Vielmehr will sie zum gegenseitigen Dienen bewegen. Das ist Lebenseinsatz und -hingabe, wie sie der Meister seinen Jüngern vorlebt. Einander die Füße zu waschen ist Ausdruck gegenseitiger Liebe, die unsere Schwächen ernst nimmt. Dieser Dienst muss aus dem Herzen kommen und das eigene Ich übersteigen. Weil mir an der Vollendung des anderen liegt, bin ich bereit, bis zum Ende zu gehen. In dieses Geheimnis Gottes werden wir durch die Fußwaschung eingeweiht. Dies betont auch die Seligpreisung am Ende dieser Szene: „Amen, amen, ich sage euch: Der Knecht ist nicht größer als sein Herr und der Abgesandte nicht größer als der, der ihn gesandt hat. Wenn ihr das wisst – selig seid ihr, wenn ihr danach handelt." (Joh 13,16f) Jesus beglückwünscht alle, die es ihm gleichtun. Wer sein Obergewand ablegt und sich mit einer Schürze umgürtet, wer den Rollentausch aus Liebe wagt, der hat Teil am Himmel, an der Wirklichkeit Gottes. Wie auf der Hochzeit in Kana wird auch hier das Wasser zum Zeichen dafür, wozu die Liebe fähig ist. Dabei ist es tröstlich, dass alle Jünger als die Seinen bezeichnet werden und Jesus allen die Füße wäscht, auch Judas, der ihn kurz darauf seinen Mördern ausliefern wird. Auch er ist eingeschlossen in diese Liebe. *Versteht ihr, was ich an euch getan habe?!*

Fantasievoll leben

Zum Abendmahlsgottesdienst am Gründonnerstag wäre es wahrscheinlich einfacher, zwölf Personen zu finden, die bereit sind, anderen die Füße zu waschen, als zwölf, die sich die Füße waschen lassen wollen. Das ist eine Erfahrung, die viele Pfarrer in ihren Gemeinden machen, wenn sie nach Kandidaten für die Fußwaschung suchen. „Das kommt doch gar nicht infrage!", „Das ist mir peinlich!", „Das braucht es nicht!", „Dafür bin ich nicht geeignet" … So und so ähnlich lauten die Antworten der Gemeindemitglieder. Einerseits ist es schön, wenn Menschen sich nicht so wichtig nehmen und über eine persönliche Scham und Bescheidenheit verfügen. Andererseits wird deutlich, dass es gar nicht so einfach ist, die Frage des Evangeliums, *Versteht ihr, was ich an euch getan habe?*, zu leben.

Mich erinnert es an meinen Zivildienst, den ich in einer Klinik für Innere Medizin absolvierte. Da wir viele schwerkranke und ältere Patienten hatten, war es in der Frühe meine Aufgabe, bei vier bis fünf Personen, meistens im Bett, eine Ganzkörperwäsche vorzunehmen. Wenn ich bei den Füßen angekommen war, war der Patient einigermaßen sauber und erfrischt. Und wir beide erleichtert. Für so manch einen war allerdings diese Morgentoilette wirklich nicht einfach. Verständlicherweise. Wer lässt sich schon gerne von Kopf bis Fuß berühren, gerade auch an intimen Körperstellen?! Auch für mich war es bisweilen schwer, mein Gegenüber davon zu überzeugen, dass wir nun miteinander das morgendliche Waschen vollziehen sollten. Umso schöner war es zu erleben, wie Tag für Tag das Vertrauen und das Vertrautsein wuchs, sodass manche Widerstände überwunden werden konnten. Letztlich war es für beide Seiten ein Akt der Demut und hoffentlich nicht eine Demütigung.

Unser deutsches Wort Demut bedeutet so viel wie „Mut zum Dienen haben", bzw. „eine Gesinnung des Dienens einnehmen". Ähnliches umschreibt der lateinische Begriff *humilitas*. Das Wort leitet sich von *humus* – „Boden" – ab. Ein demütiger Mensch ist also eine bodenständige Person. Er weiß, dass er vom Erdboden genommen ist, also als Teil der Schöpfung und Materie begrenzt ist und damit über Stärken und Schwächen verfügt. Demütig sein bedeutet, sich sowohl in seiner Bedürftigkeit helfen zu lassen als auch, sich mit seinen Begabungen einzubringen. Ein demütiger Mensch weiß, dass er weder absolut noch vollkommen ist, sondern ein Wesen mit Defiziten. Auch überhebt er sich nicht in unmenschlichem Perfektionismus, indem er Übermenschliches von sich und anderen fordert oder sich durch Hochmut über andere stellt. Vielmehr bleibt er auf dem Boden der Tatsachen, wenn er die Wirklichkeit so annimmt, wie sie konkret ist.

Für den heiligen Benedikt ist die Demut eine grundlegende Tugend im klösterlichen Alltag und Zusammenleben. Er widmet ihr eines der längsten Kapitel unserer Regel. (Vgl. RB 7) Darin entwickelt er ein Aufstiegsschema, wie der Mönch über zwölf Stufen der Demut sich Gott annähern und damit zu sich selbst finden kann. Als erste Stufe benennt er die Gottesfurcht. Das mag zunächst befremdlich klingen. Warum sollen wir Gott fürchten? Dem Mönchsvater geht es dabei weniger um eine Furcht im Sinne von Angst als vielmehr um Furcht im Sinne von Ehrfurcht. Gottesfurcht beschreibt eine Haltung, bei der der Mensch Gott als den Absoluten und Vollkommenen anerkennt. Dies wiederum hat auch eine sehr entlastende Wirkung: Wenn ich Gott als den Absoluten akzeptieren kann, dann fällt es auch leichter, zu mir selbst mit meinen Stärken und Schwächen „Ja" zu sagen, dann bin ich eher bereit, mich unterstützend einzubringen, wo ich mit meinen Begabungen gefragt bin, bzw. mir dann helfen zu lassen, wenn ich meine Begrenztheit spüre und allein nicht weiterkomme. Unter diesen Voraussetzungen ist auch die Ursünde des Menschen (Adams) zu verstehen, die als „Seinwollen wie Gott" beschrieben wird. (Vgl. Gen 3,5) Indem Adam sein Menschsein nicht genügt, sondern er sich im Hochmut überhebt und wie Gott sein will, entfernt er sich von sich selbst und damit von Gott. Letztlich fehlt es ihm an Ehrfurcht, wenn er sich an die Stelle Gottes setzen will, und dann erkennen muss, dass er nackt ist, d. h. angewiesen ist auf die Güte eines anderen. Er erkennt seine Bedürftigkeit, was ihn mit Scham erfüllt. Daher versteckt er sich. Die Frage Jesu, *Versteht ihr, was ich an euch getan habe?*, korrespondiert also wiederum mit der Frage: Adam, wo bist du? Sie stellt auch uns vor die Fragen: Kann ich mein Menschsein annehmen, so wie ich bin? Habe ich Demut in doppelter Weise? Kann ich meine Stärken und Begabungen dafür einsetzen, mich Gott und damit mir selbst immer ein Stück näher zu kommen? Kann ich in meinen Schwächen die Frage leben und aushalten, dass es jemanden geben könnte, der absolut und vollkommen ist und den wir Gott nennen? Kann ich Gott suchen in der Tatsache, dass ich bedürftig und auf Hilfe angewiesen bin?

Das beeindruckende Zeichen der Fußwaschung macht deutlich, dass nach der Überzeugung der Bibel Gott den Menschen unablässig sucht und ihm helfen will, zum eigentlichen Menschsein zu finden. Dabei überrascht seine unkonventionelle und fantasievolle Weise. Um seinem Geschöpf möglichst unmittelbar nahe zu kommen, wird Gott selbst Mensch und lässt sich ganz auf unser Menschseins ein. In Jesus von Nazaret zeigt Gott, dass er vollkommen bodenständig und demütig ist. Durch den Rollentausch der Menschwerdung will er uns Menschen veranschaulichen, wie sehr er uns liebt.

Dieses Handeln Gottes erinnert mich an Großeltern, die sich liebevoll auf die Lebenswirklichkeit ihrer Enkel einlassen. Aus großer Zuneigung knien sie sich beispielsweise auf den Boden, auch wenn dies mit zunehmenden Jahren immer beschwerlicher wird, um mit den Kindern zu spielen. Dabei lassen sie sich ganz auf die Fantasiewelt der Enkel ein; sie wiehern wie ein Pferd, bauen Eisenbahnen oder wählen eine einfache Kindersprache, vielleicht sogar eine Geheimsprache, die nur sie und die Kinder verstehen. Das ist Liebe bis zur Vollendung: *Versteht ihr, was ich an euch getan habe?*

Liebe lässt sich letztlich nicht rational verstehen. Verliebte können enorme Grenzen überschreiten, wie ich es vor Kurzem bei einem Hochzeitspaar erlebte: Ein Bräutigam erzählte mir, dass er seine Höhenangst überwunden habe, weil er auch in seiner Freizeit das Hobby seiner Freundin mit dieser teilen wollte. So machte er einen Kletterkurs nach dem anderen und lernte dabei, immer ein kleines Stück höher zu steigen und Strategien anzuwenden, um seine Angst zu überwinden. Inzwischen können sie beide miteinander die Wochenenden und Ferien in den Bergen verbringen. Gemeinsam haben sie schon so manche steile Felswand bezwungen und atemberaubende Gipfelmomente genießen können. – *Versteht ihr, was ich an euch getan habe?*

Kann ich in unglaublichen Liebeserweisen Gottes Geheimnis erkennen? Kann ich in meiner Bedürftigkeit nach Liebe die Frage nach Gott leben? Freilich zeigt sich die Demut als Frucht der Liebe in vielen Alltäglichkeiten. Erst während meines Zivildiensts, als ich zum ersten Mal weit weg von meinen Eltern lebte und mich um Vieles selber kümmern musste, wurde mir richtig bewusst, in wie viel versteckten Alltäglichkeiten meine Eltern mir ihre Liebe geschenkt haben. *Versteht ihr, was ich an euch getan habe?* – Jesus küsst nicht seine Jünger, er macht auch keine teuren Geschenke, sondern wäscht ihnen die Füße, streicht das Pausenbrot, richtet die Betten, geht für die Familie zur Arbeit, putzt die Wohnung, kocht Mittagessen, hilft mir bei den Hausaufgaben, bringt mich ins Bett, liest mir eine Geschichte vor, tröstet mich liebevoll, wenn ich weine, und lässt ein Licht an, wenn ich abends vor dem Einschlafen Angst habe. *Versteht ihr, was ich an euch getan habe?* – Können wir in den vielfältigen Liebeserweisen des Alltags das Geheimnis Gottes erahnen?

Auf beeindruckende Weise beschreibt der heilige Benedikt im vorletzten Kapitel unserer Regel, was es bedeutet, dass die Brüder einander dienen sollen. (Vgl. RB 35,1) Er spricht vom guten und bösen Eifer. Diese beiden Formen können wir mit der Demut und dem Hochmut gleichsetzen: „Wie es einen bitteren und bösen Eifer gibt, der von Gott trennt und zur Hölle führt, so gibt es den guten Eifer, der von den Sünden trennt, zu Gott und zum ewigen Leben führt. Diesen Eifer sollen also die Mönche mit glühender Liebe in die Tat umsetzen, das bedeutet: Sie sollen einander in gegenseitiger Achtung zuvorkommen; ihre körperlichen und charakterlichen Schwächen sollen sie mit unerschöpflicher Geduld ertragen; im gegenseitigen Gehorsam sollen sie miteinander wetteifern; keiner achte auf das eigene Wohl, sondern mehr auf das des anderen; die Bruderliebe sollen sie einander selbstlos erweisen; in Liebe sollen sie Gott fürchten; ihrem Abt seien sie in aufrichtiger und demütiger Liebe zugetan. Christus sollen sie überhaupt nichts vorziehen. Er führe uns gemeinsam zum ewigen Leben." (RB 72) Das ist gewissermaßen das Testament des heiligen Benedikt, das im Beispiel der Fußwaschung begründet ist. Der Mönchsvater ist sich durchaus bewusst, dass das Einüben des guten Eifers nicht immer einfach ist, und dass aller Anfang schwer ist. Aber er ist davon überzeugt, dass der

Rollentausch aus Liebe alle Enge überwindet und das Herz weitet. So hält er schon zu Beginn der Regel fest: „Wer aber im klösterlichen Leben und im Glauben fortschreitet, dem wird das Herz weit, und er läuft in unsagbarem Glück der Liebe den Weg der Gebote Gottes." (RB Prol 49)

Die Frage, *Versteht ihr, was ich an euch getan habe?*, ermutigt, die eigene Herzensenge zu überwinden und um der Liebe willen Unkonventionelles und Verrücktes zu wagen, um so die Frage nach Gott fantasievoll zu leben. Dabei geht es um eine handgreifliche Liebe, um Praxis, nicht um reine Theorie. Das macht uns verletzlich und verwundbar, woran uns das Kreuz erinnert, das Ausdruck für die Liebe bis zur Vollendung ist. Die Frage nach meiner Bedürftigkeit und die Botschaft der Hingabe, die Jesus vorlebt, gehören zusammen: *Versteht ihr, was ich an euch getan habe?* Manchmal brauchen Rollenspiele und Rollentausche großen Mut; den Mut, sehen zu wollen und zu verstehen, wie es auf der anderen Seite aussieht und wie es sich anfühlt. Das Johannesevangelium ist davon überzeugt, dass Gott durch die Menschwerdung seines Sohnes in aller Konsequenz diesen Perspektivenwechsel bis zum Ende am Kreuz durchlebt hat, nicht um seinen Horizont zu erweitern, sondern damit uns der Blick geweitet wird für das, was sein innerstes Geheimnis ist, das wir Liebe nennen.

Gottes ganz eigene Perspektive auf uns Menschen stellt letztlich die gängigen Kategorien völlig auf den Kopf. Dazu gibt es eine schöne Geschichte, die der jüdische Schriftsteller Manès Sperber (1905–1984) in seinem autobiografischen Werk *Die Wasserträger Gottes* erzählt: In seinem galizischen Heimatstädtchen wären die Bewohner, die unter großer Armut litten, fest davon überzeugt gewesen, dass der Messias bald kommen würde, um sie von ihrer Not zu erlösen. Sein Großvater wäre oft vor dem Sonnenuntergang vom Abendessen aufgestanden und sei auf den angrenzenden Hügel vor der Stadt gestiegen, um nachzuschauen, ob der Messias noch an diesem Tag kommen würde. Den Kindern habe man beigebracht, auf Händen zu gehen und auf dem Kopf zu stehen, denn, so lautete die Begründung: „Wenn der Messias kommt, dann stellt er die Welt auf den Kopf!" Für Ungeübte wäre es dann schwer, die Welt zu verstehen. Daher wäre es gut, diese messianische Gymnastik, wie sie den Kopfstand nannten, früh genug einzuüben.

Mir gefällt diese Geschichte sehr, da sie mit kindlichen Gedanken etwas Wesentliches zum Ausdruck bringt: Der Messias stellt die Welt auf den Kopf. Das geschieht dann, wenn der Meister das Obergewand ablegt, sich eine Schürze umbindet und den Sklavendienst der Fußwaschung vollzieht.

Aus dieser Szene stellen sich für mich daher die essenziellen Fragen: Kann ich zulassen, dass meine Schwächen und meine enge Sicht der Dinge zum Einfallstor Gottes werden? Berühre ich Gottes Geheimnis in der Unbegreiflichkeit, dass mich jemand liebt und deswegen in meine Rolle schlüpft? Ist Gott zu finden, in manch verrückten Liebeserklärungen und peinlichen Lebenssituationen, die zu Herzen gehen? Kann ich den Kopfstand üben, um darin die Frage nach Gott zu leben? Die Fußwaschung ist Ermunterung, fantasievoll den Rollentauch der Liebe zu leben. Adam, wo bist du? Wen suchst du? *Versteht ihr, was ich an euch getan habe?*

Kapitel 9
Meine Zweifel als Gottesfrage

„Ein bisschen Schwindel ist auch dabei!" – Diesen Zusatz schrieb ich als Zwölftklässler auf eine Entschuldigung, nachdem ich mit anderen zusammen kurz vor den Sommerferien den Sportunterricht geschwänzt hatte und unser Sportlehrer von uns eine schriftliche Entschuldigung einforderte. Da wir alle schon volljährig waren und unsere Entschuldigungen selbst schreiben durften, hatten wir uns kreative Krankheiten ausgedacht. Irgendwann plagte mich mein Gewissen, sodass ich den Zusatz schrieb: „Ein bisschen Schwindel ist auch dabei!" Unser Sportlehrer, der wenig Spaß verstand, meinte daraufhin trocken, dass Sparsamkeit bekanntlich eine Tugend sei. Aber wenn man sparsam mit der Wahrheit umgehe, wäre das schon fragwürdig. Noch heute spüre ich das unwohle Gefühl, das mich nach dieser Rückmeldung befiel. Wahrheit und Wahrhaftigkeit sind hohe Werte. Sie stehen für Verlässlichkeit, basieren auf nachvollziehbaren und gesicherten Tatsachen und sie implizieren, dass Aussage und Wirklichkeit miteinander übereinstimmen. Wie schlimm ist es dagegen, wenn man als Lügner überführt wird und die Wahrheit ans Licht kommt, oder es gar zur Gewohnheit geworden ist, sparsam mit der Wahrheit umzugehen.

Heute sprechen wir in diesem Zusammenhang vom „Postfaktischen". Dieser Begriff wurde 2016 sogar zum Wort des Jahres kreiert. Es ist ein Kunstwort, das darauf verweist, dass es in politischen und gesellschaftlichen Diskussionen anstelle von Fakten zunehmend um Emotionen geht. Die Zeit der Tatsachen sei vorbei, so lautet eine oft bemühte Einschätzung. Immer größere Bevölkerungsschichten seien in ihrem Widerwillen gegen „die da oben" bereit, Fakten zu ignorieren und sogar offensichtliche Lügen bedenkenlos zu akzeptieren. Nicht der Anspruch auf Wahrheit, sondern das Aussprechen der „gefühlten Wahrheit" führt im „postfaktischen Zeitalter" zum Erfolg. Leider haben inzwischen Populisten in allen Ländern die „Methode des Postfaktischen" für sich entdeckt. Wer ihnen mit Tatsachen, Zahlen und anderslautenden Erfahrungen entgegentritt, bekommt zur Antwort, das könne ja so sein, aber viele Menschen, gar die Mehrheit der Bevölkerung, empfinde dies anders. „Gefühlte Wahrheiten" eben. Statt der Fakten spielen Emotionen eine entscheidende Rolle. Wenn diese das eigentlich Wichtige sind, dann kommt es darauf an, diese Gefühle zu mobilisieren, sie zu verstärken und für eigene Zwecke zu instrumentalisieren. Und gerade diese Strategie verfolgen Populisten welcher Couleur auch immer auf ungute Weise. Sie schüren Gefühle der Angst, der Aggression und des Hasses. Im Grunde ist dies nichts anderes als der Versuch, die eigene Überzeugung mit Mitteln der Macht durchzusetzen, ob sie richtig oder falsch ist, ist dabei nicht mehr entscheidend. Dem entgegenzuwirken wird für die demokratisch geprägten Gesellschaften weiterhin eine große Herausforderung darstellen.

Die jüngsten Entwicklungen, „die gefühlten Wahrheiten" als entscheidendes Kriterium zu betrachten, macht auch vor den Religionen nicht Halt. Der Grundsatz der christlichen Theologie, dass der Glaube vernünftig nachvollziehbar sein muss, ist für viele längst nicht mehr entscheidend. Entscheidender ist, dass Religion zu einem selbst passt oder sich gut anfühlt, wenn sie in Gebet, Gottesdienst oder Meditation praktiziert wird. Fakten, wie sie mit Hilfe der Philosophie in dogmatischen Lehren formuliert sind oder sich in ethischen Weisungen manifestieren, interessieren dabei weniger. Natürlich sind Gefühle in Beziehungen entscheidend. Das gilt auch für die Gottesbeziehung, die im Glauben ihren Ausdruck findet. Doch neben Gefühlen braucht es für tragfähige Beziehungen ebenso objektive Kriterien, auf die man sich verlassen kann. Wenn ich weiß, dass mir beispielsweise ein Freund hilft und für mich verlässlich da ist, wenn ich in Not gerate und seine Unterstützung brauche, dann sind das konkrete Tatsachen, sodass wir zum Urteil finden können: Das ist ein echter Freund, oder, wie man im Deutschen so schön sagt: Das ist ein „wahrer Freund".

Wahrheit hat somit etwas mit Verlässlichkeit, Redlichkeit und Treue zu tun und beruht auf konkreten Erfahrungen. Sie zeigt sich im Erleben von tragfähiger Beziehung, sodass wir feststellen: „Auf den kann ich bauen, der lässt mich nicht im Stich." Dies wiederum lässt sich auf die Gottesbeziehung übertragen: Wenn der Gottesglaube auch in Krisenzeiten trägt und Kraft gibt, wenn ich das, was ich von anderen über Gott gehört habe und in Geschichten von ihm lese, am eigenen Leib erfahren kann, dann sind das konkrete Fakten, auf die sich meine Religiosität stützen kann. Glauben hat somit immer auch mit dem zu tun, was ich von anderen überliefert bekommen habe und was sich vernünftig nachvollziehen lässt. Zugleich aber muss der eigene Erfahrungsschatz hinzukommen, ansonsten bleibt Gott eine fiktive Gestalt aus Erzählungen anderer und der Glaube leer. Wenn Gefühle, Erfahrungen und Fakten zusammenpassen, kann ich zum „wahren Glauben" finden. Wenn Jesus während seines Prozesses Pilatus fragt: „Sagst du das von dir aus, oder haben es dir andere von mir gesagt?", richtet er sich auch an uns, an den Leser, und fordert uns damit auf, den eigenen Glauben kritisch zu reflektieren.

Sagst du das von dir aus?

Sie brachten nun Jesus von Kajaphas in das Prätorium; es war früh am Morgen. Sie selbst gingen nicht in das Prätorium hinein, um nicht unrein zu werden, sondern das Paschamahl essen zu können.

Pilatus kam zu ihnen heraus und sagte: Was für eine Anklage habt ihr gegen diesen Menschen vorzubringen? Sie antworteten ihm: Wenn er kein Verbrecher wäre, hätten wir ihn dir nicht ausgeliefert. Da sagte Pilatus zu ihnen: Nehmt ihr ihn und richtet ihn nach euerem Gesetz! Die Juden antworteten ihm: Wir haben nicht das Recht, jemand hinzurichten. So sollte sich das Wort Jesu erfüllen, mit dem er angedeutet hatte, auf welche Weise er sterben werde. Pilatus ging wieder in das Prätorium hinein, ließ Jesus rufen und sagte zu ihm: Du bist der König der Juden? Jesus antwortete: Sagst du das von dir aus, oder haben es dir andere von mir gesagt? Pilatus antwortete: Bin ich denn ein Jude? Dein Volk und die Hohenpriester haben dich mir ausgeliefert. Was hast du getan? Jesus antwortete: Mein Königtum ist nicht von dieser Welt. Wenn mein Königtum von dieser Welt wäre, würden meine Diener kämpfen, dass ich den Juden nicht ausgeliefert würde. Nun aber ist mein Königtum nicht von hier. Da sagte Pilatus zu ihm: Also bist du doch ein König? Jesus antwortete: Du sagst es: Ich bin ein König. Ich bin dazu geboren und dazu in die Welt gekommen, um für die Wahrheit Zeugnis abzulegen. Jeder, der aus der Wahrheit ist, hört auf meine Stimme. Pilatus sagte zu ihm: Was ist Wahrheit?

Nach diesen Worten ging er wieder zu den Juden hinaus und sagte zu ihnen: Ich finde keine Schuld an ihm.

Joh 18,28–38

Jesus wird von Pilatus verhört. Nachdem er von den Hohenpriestern Hannas und Kajaphas über seine Jünger und seine Lehre befragt wurde, soll ihm nun der Prozess gemacht werden. Pilatus steht für die Staatsmacht Rom und wir können davon ausgehen, dass er von deren Vormachtstellung absolut überzeugt ist. Im Verlauf des Gesprächs, das der Urteilsfindung dienen soll, wird der Statthalter allerdings immer unsicherer. Er scheint zunehmend zwischen den religiösen Autoritäten vor dem Haus und dem Angeklagten im Haus hin- und hergerissen zu sein.

In der Szene des Verhörs ist nicht Jesus die eigentliche Hauptperson, sondern Pilatus. Ein Perspektivenwechsel vollzieht sich, ganz so, wie es das Johannesevangeliums liebt. Gern werden in diesem Evangelium Personen ins Scheinwerferlicht gerückt, die zunächst eher als Randfiguren erscheinen. Durch sie und ihre Aussagen wird deutlich gemacht, wer Jesus ist. So wird etwa die Samariterin am Jakobsbrunnen zur Hauptperson, indem sie im Gespräch mit Jesus immer mehr begreift, wer dieser Fremde ist. (Vgl. Joh 4) Ähnliches können wir, wie wir bereits gesehen haben, vom Gelähmten (vgl. Joh 5; Kap. 3) und vom Blindgeboren (vgl. Joh 9; Kap. 6) sagen, die ebenso im Verlauf der Begegnung mit Jesus zu tieferen Einsichten gelangen und diese für den Leser aussprechen. Auch Petrus wird bei der Fußwaschung zur Hauptperson, wenn er das Zeichen der Demut zunächst zurückweist und es sich von Jesus erklären lässt. (Vgl. Joh 13; Kap. 8) Gleiches geschieht nun im Gerichtsprozess, in dessen Verlauf deutlich wird, dass nicht Jesus auf dem Prüfstand steht, sondern Pilatus. In all diesen Beispielen sagt das Johannesevangelium etwas Wesentliches auch für uns aus: Die Begegnung mit Jesus ist stets Konfrontation mit uns selbst; auch durch uns bekommt Jesus immer mehr Konturen. Daher richtet sich die letzte Frage, die Jesus vor seinem Tod einem Menschen stellt, zugleich auch an uns: *Sagst du das von dir aus, oder haben es dir andere von mir gesagt?* Schauen wir uns die Szene etwas genauer an.

Die religiösen Gegner Jesu fordern seinen Tod. Allerdings fehlt es ihnen an starken Argumenten. Sie können keine Fakten dafür vorweisen, was ihm vorzuwerfen wäre und die Todesstrafe zur Folge hätte. Pilatus will sich selbst ein Urteil bilden und sucht von sich aus das Gespräch mit Jesus. Als Leser bekommt man das Gefühl, dass Pilatus letztlich die Frage nicht interessiert, ob dieser Mann in irgendeiner Weise schuldig ist oder nicht. Vielmehr gibt ihm das Verhör die Möglichkeit, die jüdischen Religionsführer zu demütigen. Indem er zunächst beabsichtigt, Jesus gegen ihr Ansinnen freizulassen, will er seine Macht demonstrieren und sie verärgern. Doch sein Vorhaben misslingt. Der Statthalter Roms, der zunächst sehr souverän auftritt, wird im Verlauf der Auseinandersetzung zunehmend unsicherer. Sein ständiges „Hin und Her", das im Text durch den häufigen Standortwechsel von draußen und drinnen verdeutlicht wird (insgesamt siebenmal tritt Pilatus ins Prätorium oder aus ihm heraus), zeigt die ansteigende Dramatik. Pilatus gerät ins Wanken. Einerseits muss er aufgrund mangelnder Fakten feststellen, dass hier jemand zu Unrecht verurteilt werden soll. Als Nichtjude fehlt ihm allerdings relevantes Hintergrundwissen. Andererseits aber gerät er selbst in eine Falle: Die Ankläger appellieren an die Staatsmacht Rom und legen sogar das Bekenntnis ab, dass sie nur den Kaiser als alleinige Autorität akzeptieren. (Vgl. Joh 19,12) Damit leugnen die jüdischen Führer gegenüber der verhassten Besatzungsmacht unausgesprochen die Souveränität des Gottes Israels und machen Pilatus zum Gefangenen seiner eigenen Machtstrukturen. Am Ende haben beide Seiten ihr Gesicht verloren. Allein Jesus bleibt souverän.

Die erste Frage, die Pilatus Jesus stellt, ist sehr direkt und unvermittelt: „Bist du der König der Juden?" Der Titel ist dem Leser des Johannesevangeliums in abgewandelter Weise schon bekannt. Am Anfang des Evangeliums hatte Natanaël nach seiner ersten Begegnung mit Jesus festgestellt: „Rabbi, du bist der Sohn Gottes, du bist der König von Israel." (Joh 1,49) Nach der Brotvermehrung wollte ihn die begeisterte Menge zu ihrem König machen. (Vgl. Joh 6,15) Auch beim Einzug in Jerusalem wurde Jesus vom Volk als „König Israels" begrüßt und bejubelt. (Vgl. Joh 12,13) Später wird Pilatus den Titel dreisprachig am Kreuz anbringen lassen: „Jesus, der Nazoräer, der König der Juden." (Joh 19,19) Mit der Frage „Bist du der König der Juden?" bringt Pilatus den Anklagepunkt ins Wort, ohne dass dieser ihm von den Anklägern zuvor genannt worden war. Jesus reagiert geschickt und nach jüdischem Brauch mit einer Gegenfrage. Das überrascht. Hat er als Angeklagter überhaupt Fragen zu stellen? Was nimmt Jesus sich heraus? Doch anscheinend kümmert es ihn nicht. Er scheint erfahren zu wollen, woher Pilatus dieses Wissen hat. Man könnte meinen, Jesus will herausfinden, ob er ein Opfer von Denunziation geworden ist oder ob sich Pilatus sein eigenes Urteil gebildet hat. Folgt er rein seinen Gefühlen oder Fakten? Bist du richtig informiert oder haben sie dich in eine Falle gelockt? All das könnte in der Frage stecken: *Sagst du das von dir aus, oder haben es dir andere von mir gesagt?* Ebenso könnte die Gegenfrage Jesu ein tieferes Interesse an Pilatus beinhalten. Vielleicht möchte er wissen: Und du, wer bin ich für dich? Was meinst du, wer bin ich? Welches Bild hast du dir von mir gemacht? Dies alles könnte in der einen Frage mitschwingen. Das Johannesevangelium vollzieht dadurch sehr geschickt den Fokuswechsel. Der Angeklagte wird zum eigentlichen Richter, der den verunsicherten Richter verhört. So verlagert sich das Gerichtsverfahren ins Innere des Pilatus.

Dieser wiederum weicht mit einer Gegenfrage aus: „Bin ich denn ein Jude?" Pilatus will sich weder auf die persönliche Ebene einlassen noch sich mit Jesus tiefer auseinandersetzen. Ebenso fehlt ihm als „Nicht-Jude" die Kompetenz, die innerjüdische Auseinandersetzung richtig zu beurteilen. Da er die Faktenlage nicht durchschauen kann, versucht er Hintergrundinformationen einzuholen. Mit seinen Fragen möchte er herausbekommen, was Jesus getan hat, was ihm von seinem Volk vorgeworfen wird und wie die Sachlage sich darstellt. Dafür benötigt er Tatsachen. Er möchte kein vorschnelles Urteil treffen und versucht die Rolle des objektiven Beurteilers einzunehmen. Jesus nutzt die Gelegenheit, indem er auf das Wesentliche seiner Sendung hinweist. Gekonnt übernimmt er ab diesem Zeitpunkt die Gesprächsführung, wenn er bekennt: Ja. „Ich bin ein König!" Aber er ist nicht der „König der Juden" im Sinne der Anklage, die ihm unterstellt, dass er politische Macht für sich beansprucht. Sein Königtum ist anders. Es ist „nicht von dieser Welt", wie es heißt; einer Welt, in der Korruption und Lüge bestimmend sind, wie er am eigenen Leib erfahren muss. Vielmehr ist er ein König im idealen Sinn, der sein Leben für die Seinen hingeben wird. Er ist ein Herrscher, der seine Position eben nicht für den eigenen Machterhalt missbraucht, sondern den ihm Anvertrauten aufopferungsvoll dienen will. Daher fordert Jesus nicht die Königswürde über Israel. Schon gar nicht will er die Herrschaft Roms ins Wanken bringen. Das ist nicht sein Anliegen, obwohl die Autorität Gottes, wenn sich Menschen wie z. B.

die Propheten des Alten Testaments auf sie berufen, stets Einfluss auf irdische Macht nimmt und ihr Gebaren empfindlich infrage stellen kann. Jesu Machtanspruch aber ist nicht von dieser Welt, wie schon sein Rückzug nach der Brotvermehrung demonstriert, als ihn das Volk aus Sensationslust zu seinem König machen will. (Vgl. Joh 6,15) Er definiert sich und seine Autorität nicht von einer jubelnden Masse. Daher reitet Jesus auch nicht auf einem Schlachtross in Jerusalem ein, sondern auf einem jungen Esel. (Vgl. Joh 12,12–19) Sein Königtum folgt anderen Gesetzlichkeiten. Entsprechend dieser Linie weist er Simon Petrus harsch zurecht, als dieser bei seiner Verhaftung das Schwert zückt und dem Diener des Hohenpriesters das Ohr abhaut. (Vgl. Joh 18,10f) Die Beispiele veranschaulichen, dass Jesus seine Autorität nicht mit Dingen begründet, die normalerweise Herrschermacht legitimieren, wie beispielsweise familiäre Herkunft, politischer Einfluss, gesellschaftliche Beziehungen, finanzielle Mittel oder militärische Stärke. Vielmehr will er von der Wahrheit Zeugnis ablegen; er will auf seine göttliche Wirklichkeit verweisen und diese verkünden. Das ist seine Berufung und seine Sendung, so lautet die Überzeugung des Johannesevangeliums.

Das griechische Wort für Wahrheit, *aletheia*, leitet sich von *a-lethos* ab und bedeutet so viel wie „nicht-verborgen", „unverborgen." Wenn Jesus also an anderer Stelle im Vierten Evangelium von sich selbst sagt „Ich bin die Wahrheit" (Joh 14,6), meint er damit: Ich bin die Unverborgenheit Gottes! Die Herrlichkeit Gottes, die nach jüdischem Verständnis kein Mensch direkt und unvermittelt sehen oder erleben kann, wird in ihm unverborgen sichtbar und erfahrbar. Oder positiv ausgedrückt: In Jesus zeigt sich Gott so, wie er wirklich ist, wie er in Wahrheit ist. So wie Jesus ist, so wie er Menschen begegnet, so ist Gott und so geht Gott mit uns Menschen um.

Dafür ist Jesus Zeuge. Davon bringt er Kunde vom Herzen des Vaters voll Gnade und Wahrheit, wie es im Prolog des Johannesevangeliums heißt. (Vgl. Joh 1,14.18)

Im Hebräischen steht für Wahrheit das Wort *emed*, das ursprünglich „absolute Zuverlässigkeit" und „Treue" bedeutet. In Jesus wird sichtbar, dass Gott wie ein wahrer Freund absolut zuverlässig und treu ist. Wie der Gott Israels sein Volk trotz aller Enttäuschungen nie aufgibt, so geht auch Jesus in absoluter Treue und Zuverlässigkeit seinen Weg. Das sind die Fakten, die ihm seine Autorität verleihen. Er ist der wahre König, der echte Statthalter Gottes, indem er frei ist und souverän.

Die abschließende Frage des Pilatus, „Was ist Wahrheit?", bekommt damit noch eine weiterführende Qualität, da sie auf die Sendung Jesu anspielt. An dieser Stelle ist es hilfreich, noch einmal kurz die kulturellen Strukturen zur Zeit Jesu zu betrachten: Aufgabe des orientalischen Königs war es, die Gottheit, von dem er seine Macht erhalten hat, zu repräsentieren und möglichst authentisch darzustellen. Diesem Auftrag kommt Jesus auch angesichts seines Todesurteils wahrhaftig im Sinne von „echt" und „zuverlässig" nach. Er ist ein wahrer Freund, ein wahrer König, auf den man sich verlassen kann, so lautet die Botschaft des Johannesevangeliums. Durch diese Verlässlichkeit, die Jesus uns zuspricht und vorlebt bis zum Tod, bekommt die Frage, die Jesus Pilatus stellt, nochmals einen tieferen Sinn. *Sagst du das von dir aus, oder haben es dir andere von mir gesagt?*, ist eine Anfrage an jeden Leser des Evangeliums und damit an jeden von uns. Was kann ich von mir aus über diesen Jesus sagen und was habe ich von anderen über ihn gehört? Wie ist die Faktenlage? Wer ist dieser Jesus für mich – ein wahrer Freund – ein wahrer König – …?

Ehrlich leben

„Sechs Tage Exerzitien im Jahr sind genug, sonst kommt man ja noch zum Nachdenken", sagte einmal eine ältere Ordensschwester zu mir, die selbst lange Jahre in Leitungsverantwortung stand und diese gewissenhaft wahrnahm. Ich musste damals schmunzeln; zum einen, weil unsere Gemeinschaft sich nur drei bis vier Tage im Jahr zu Exerzitien zurückzieht, zum anderen sollte es doch gerade Sinn und Zweck von geistlichen Übungen sein, zur Ruhe zu kommen und damit zum Nachdenken. Dieses Nachdenken kann gefährlich sein, wie die Ordensschwester richtig erkannt hat, denn durch die Reflexion können gewohnte und überkommene Glaubensstrukturen ins Wanken geraten. Fragen tauchen auf, von denen wir vielleicht angenommen hatten, dass wir sie für uns schon eindeutig beantwortet hätten. Möglicherweise haben wir sie aber nur erfolgreich verdrängt oder nicht mehr gestellt, da wir es im Allgemeinen gewohnt sind, Antworten zu geben. Doch stehen wir hinter diesen Antworten immer aufrichtig mit unserem Glauben? Sind wir dabei wahrhaftig? All das schwingt mit, wenn wir uns ehrlich der Frage Jesu stellen: *Sagst du das von dir aus, oder haben es dir andere von mir gesagt?* Ähnlich wie Pilatus werden auch wir zur Reflexion aufgefordert, um Position zu beziehen und uns ein Urteil zu bilden.

Diese letzte Frage Jesu vor seinem Tod stimmt mich äußerst nachdenklich. Sehr vieles von dem, was meinen Glauben und meine Gottesbeziehung ausmacht und mein Glaubensfundament bildet, habe ich zunächst einmal von anderen vermittelt bekommen. Durch das Vorbild meiner Eltern und das aktive Glaubensleben in der Familie und meiner damaligen Pfarrgemeinde bin ich ganz selbstverständlich mit dem christlichen Glauben aufgewachsen und habe ihn sozusagen mit der Muttermilch aufgesogen. All das wurde im Religionsunterricht und in vielen Begegnungen mit gläubigen Menschen vertieft und erweitert. Später war es das Studium der Theologie, das mir zu einem reflektierten Glauben verholfen hat. Für all das bin ich sehr dankbar und ich kann für mich feststellen: Selbstverständlich glaube ich an einen personalen Gott, der wiederum mein Menschenbild prägt, da ich von einer unantastbaren Würde überzeugt bin, die letztlich in der Gottebenbildlichkeit begründet wird. Selbstverständlich vertraue ich darauf, dass Jesus von Nazaret Gottes Sohn ist, und versuche mich an ihm zu orientieren, weil seine Botschaft für mich göttlich ist. Etwas Besseres und Stimmigeres habe ich bei all meinem Suchen bisher nicht gefunden. Aber wie wäre ich geprägt worden, wenn ich in eine buddhistische oder muslimische Familie hineingeboren wäre? Was würde ich über Gott und Jesus von Nazaret sagen, wenn ich in einem atheistischen Umfeld aufgewachsen wäre? Was für mich ganz selbstverständlich und vertraut ist, wird durch dieses Gedankenspiel fragwürdig. Wer ist dieser Jesus von Nazaret wirklich? War er wie z. B. Mahatma Gandhi (1869–1948) oder Martin Luther King (1929–1968) „nur" ein besonderer Mensch oder war er wirklich Gottes Sohn? Was hat es mit den Geschichten in der Bibel auf sich? Sind sie „nur" Ausdruck der Sehnsucht, die Menschen nach Gott haben, also rein gefühlte Wahrheiten, wie wir sagen könnten, oder sind sie durch göttliche Offenbarung entstanden, sodass ihnen Tatsachen zugrunde liegen? Was antworte ich ganz persönlich auf die Frage: *Sagst du das von dir aus, oder haben es dir andere von mir gesagt?*

Es ist gut und hilfreich, wenn wir von Zeit zu Zeit unseren persönlichen Glauben infrage stellen. Dabei wird deutlich, dass es nicht so sehr um Wissen geht. Ich muss keine historischen Fakten vorlegen oder sogenannte Gottesbeweise präsentieren, mit deren Hilfe der Glaube vernünftig erläutert wird. Das alles ist wichtig, vor allem im Rahmen der Theologie. Hier aber geht es mir eher um Glauben als ein ehrliches Fragen nach unserer persönlichen Beziehung zu Gott, die sich, wie in einer Partnerschaft oder unter Freunden, stets wandeln kann. Das spiegelt sich schon darin, welche Anreden ich für Gott verwende. Wenn ich zurückschaue, erinnere ich mich, dass ich als Kind zum „lieben Gott" betete, in der Jugend redete ich ihn mit „Herr" an. Inzwischen ist mir dieser Titel eher fremd geworden, auch wenn er in der Liturgie sehr oft verwendet wird. Ich würde auch nicht zu meinem Bruder oder einem guten Freund „Herr" sagen. Bisweilen genügt mir heute ein einfaches „Du", das alles andere offen lässt und doch von einem großem Vertrauen zeugt. Allein in dieser Beobachtung zeigt sich, wie sich mein Glaube, meine Gottesbeziehung über die Jahre hinweg entwickelt hat, und ich bin gespannt und neugierig, wie es weitergehen wird. Daher finde ich, die Frage, mit der Jesus Pilatus und damit uns konfrontiert, sehr pointiert: Zu welchem Urteil kommst du? Und wer bin ich für dich?

Diese Frage konfrontiert uns unweigerlich mit unserem persönlichen Glauben, der sich zwar auf der Grundlage anderer Glaubensbiografien und -lehren ausgeprägt hat, aber kein angelernter Glaube sein darf. Ich muss mich immer wieder neu fragen: Was sage ich von mir aus? Bist du mein Gott oder „bloß" der Gott meiner Väter und Mütter? Es wird sich wohl nicht trennen lassen, sodass ich mit einem entschiedenen „sowohl als auch" antworte. Auch kann ich feststellen: Irgendwie ist Jesus für mich ein König, so fremd mir dieser Titel zunächst auch ist. Er ist eine Person, die alles in meinem Leben bestimmt, wenn ich sehe, wie sehr z. B. mein Tagesrhythmus als Mönch von ihm regiert wird. Und doch komme ich immer mehr ins Schweigen und verstumme fast, wenn ich über meinen Glauben an ihn ehrlich nachdenke. Was ist wirklich zwischen dir und mir? Bedenken tauchen plötzlich auf: Ist Gott nur eine Fiktion, eine gefühlte Wahrheit überliefert von Generation zu Generation, von der ich nicht loskomme, weil ich mich so sehr daran gewöhnt habe? Oder ist Jesus als Gottessohn eine Option, auf die es sich hinzuleben lohnt, deren Existenz ich aber durch Fakten nicht beweisen kann? Was soll ich antworten?

Mir kommen wieder die Fragen am Anfang der Genesis und im Johannesevangelium in den Sinn: Adam, wo bist du? Was suchst du? Sie drücken diese gewisse Spannung aus, die es auszuhalten gilt: Einerseits glaube ich, da ist jemand, der hinter allem steht, auch hinter meinem ganz persönlichen Leben und wie ich es führe. Diesen jemand nenne ich Gott und ich vertraue auf das, was mir überliefert wurde; darauf, dass dieser Gott in Jesus von Nazaret Mensch geworden ist. Das hat hohe Plausibilität für mich. Andererseits aber erlebe ich die Ungewissheit und die Zweifel, weil ich keine konkreten Beweise vorlegen kann. Es fehlen mir die Fakten, um von einer gefühlten Wahrheit wegzukommen. Wie Pilatus bin und fühle ich mich hin- und hergerissen. Abermals wird mir deutlich, wie weise der heilige Benedikt war, als er uns Mönche als „Gottsucher" beschrieben hat. (Vgl. RB 58,7) Wir bleiben es ein Leben lang und es ist gar nicht so einfach, immer und zu jeder Zeit eine ehrliche Antwort auf die Frage zu finden: *Sagst du das von dir aus, oder haben es dir andere von mir gesagt?*

Gewiss, es gilt, diese Frage in aller Wahrhaftigkeit zu leben. Sie spiegelt meine Sehnsucht nach dem letzten Sinn, nach einem Gott, der mich ernst nimmt, nach einer absoluten Autorität, die mir mein Leben zutraut, nach einem „Du", das alles, was ist, hervorgebracht hat, trägt und zum Ziel führen wird. Die Frage unterstützt ebenso meine Sehnsucht, dass es einen Gott geben soll, der sich für mein Leben und die Beziehung, die ich zu ihm habe, interessiert. Ja, ich wünsche mir einen Gott, der mir als „Du" nahekommt, denn ich verstehe die Menschwerdung als einen einzigen großen Liebeserweis. Und ich wünsche mir einen Gott, der mir einen Weg zum geglückten Leben zeigt, wie es im Prolog der Benediktsregel zum Ausdruck kommt: „Wer ist der Mensch, der das Leben liebt und gute Tage zu sehen wünscht? Wenn du das hörst und antwortest: Ich, dann sagt Gott zu dir: Willst du wahres und unvergängliches Leben, bewahre deine Zunge vor Bösem und deine Lippen vor falscher Rede! Wende dich ab vom Bösen und tu das Gute; suche den Frieden und jage ihm nach! Wenn ihr das tut, blicken meine Augen auf euch, und meine Ohren hören auf eure Gebete; und noch bevor ihr zu mir ruft, sage ich euch: Seht, ich bin da. Liebe Brüder, was kann beglückender für uns sein als dieses Wort des Herrn, der uns einlädt? Seht, in seiner Güte zeigt uns der Herr den Weg des Lebens." (RB Prol 15–20)

Ja, ich glaube, dass mir Jesus von Nazaret für meinen Lebensweg gute Orientierung gibt. Ebenso erfahre ich als Mensch, der, wie es in der Benediktsregel heißt, „das Leben liebt und gute Tage zu sehen wünscht", dass sich diese Sehnsucht durch mein Glaubensleben reichlich verwirklicht und mich meine Gottesbeziehung glücklich macht. Sie verhilft mir zu einem erfüllten Leben, so meine ich, ohne dabei selbstgerecht werden zu wollen. Zugleich habe ich den Eindruck, dass Gott gut auf mich schaut und immer schon da ist, mich durch und durch kennt und „Ja" zu mir sagt. Dieses Gottvertrauen stärkt mein Selbstvertrauen. Und doch komme ich nicht los von der Frage, ob es ihn wirklich gibt. Was bleibt übrig von meinem Glauben, wenn ich versuche, ihn auf das zu reduzieren, was ich von mir aus sagen kann? Das ist nicht viel, denn er baut auf den Glauben vieler anderer auf, darauf, was sie mir über ihn vermittelt haben. Sprachlos finde ich letztlich keine Antwort auf die Frage: *Sagst du das von dir aus, oder haben es dir andere von mir gesagt?* Wie Pilatus kann ich nur mit der Gegenfrage meine Unwissenheit bekunden: Was ist Wahrheit?, und muss so vor dem großen Geheimnis des Lebens verstummen. So wird unser Leben zu einer einzigen Exerzitienzeit demütigen Nachdenkens über die Frage: Adam, wo bist du, was suchst du und *sagst du das von dir aus, oder haben es dir andere von mir gesagt?*

Kapitel 10
Meine Leere als Gottesfrage

„Mind the Gap!", schallt es durch die Lautsprecher der Londoner U-Bahn beim Einfahren in einen Bahnhof. Die Warnhinweise sind auch überall zu lesen: „Achten Sie auf die Lücke!" Sie machen auf die Lücke zwischen U-Bahn und Bahnsteig aufmerksam und wollen verhindern, dass man aus Versehen hineintritt und verunglückt. Mir gefällt dieser warnende Hinweis, weil er sich auf unser Leben übertragen lässt. Leerstellen können in vielen Situationen auf etwas Wichtiges hinweisen. Manchmal kann es z. B. aufschlussreicher sein, darauf zu achten, was bei einer Festansprache über die zu würdigende Person nicht gesagt wird. Wurde es vergessen oder unterschlagen? Wurden negative Dinge bewusst weggelassen, um die Ehrenperson nicht zu kränken? Mitunter kann man durch das, was nicht gesagt wird, mehr über einen Menschen erfahren als durch das, was wir über ihn hören.

Leerstellen können ebenso unsere Neugierde wecken. Wenn etwa in einer Gemäldesammlung an der Wand nur ein Nagel zu sehen ist, dann frage ich manchmal beim Aufsichtspersonal nach, welches Exponat ich hier denn gerade verpasse. Wenn wir nun hauptsächlich wegen diesem Kunstwerk angereist sind, dann kann diese Leerstelle, dieser simple Nagel in der Wand einen sehr enttäuschen oder sogar verärgern. Bisweilen ist es anstrengend und regelrecht schmerzhaft, Leere auszuhalten und Mangel zu ertragen. Es kann einen fürchterlich niederdrücken, wenn man sich innerlich leer fühlt. Gleiches gilt, wenn eine Partnerschaft zerbricht und man spürt, wie der geliebte Mensch an der Seite fehlt. Erst die Leere weist uns schmerzlich darauf hin, was uns eigentlich verlorengegangen ist und was wir uns für ein erfülltes Leben wünschen würden. Dieser Zustand kann einen sehr traurig machen und vielleicht sogar in eine depressive Stimmung versetzen. Fragen tauchen auf, wie: Warum spüre ich keinen Sinn mehr in meinem Leben? Warum musste das Projekt, in das ich so viel Zeit und Energie gesteckt habe, so kläglich scheitern? Warum kann ich mich an nichts mehr freuen?

Lücken können uns ferner auf die Folter spannen und unsere Geduld strapazieren, wenn ich an einen guten Freund denke, der z. B. vor einer Fußball-WM ganz und gar damit beschäftigt ist, Spielerbilder zu sammeln, und sich fragt: Wann habe ich endlich Glück und ziehe die richtigen Kuverts mit den Bildchen, die mir noch fehlen, damit mein Album endlich komplett ist? Oder mit wem könnte ich tauschen, bzw. wo kann ich meine doppelten Bildchen anbieten, um sie gegen die noch fehlenden auszuwechseln? Lücken können in gleicher Weise die Fantasie anregen, wenn es beispielsweise darum geht, eine Geschichte fortzuschreiben, von der man nur den Anfang kennt. Ich habe diese Aufgaben in der Schulzeit geliebt, wenn ich mir selbst überlegen konnte, wie es weitergehen könnte. Will ich alles zu einem Happy End führen oder halte ich einen offenen Schluss aus? So motivieren Leerstellen bisweilen unsere Kreativität und können in anderen Kontexten auch Träume und Sehnsüchte wecken: Wie schön wäre es, meinte einmal eine Bekannte, wenn ich mit meiner Familie einmal für einige Zeit in Italien leben könnte?!

Auf diese und andere Weisen haben Leerstellen schon immer den Einfallsreichtum und den Mut von Menschen gefördert und in ihnen solch ungeahnte Kräfte freigesetzt, dass sie Wege fanden, sich ihre Wünsche zu erfüllen. Leerstellen können uns so vieles sagen. Vor Kurzem las ich einen Artikel über die Bedeutung von Leerzeichen in Texten. Nicht nur die Buchstaben, sondern auch die Größe der Zwischenräume sind wichtig. Sie trennen Wörter und Zeilen voneinander ab. Durch eine Sperrung beispielsweise lässt sich anzeigen, welches Wort beim Lesen b e t o n t werden soll. Und Absätze gliedern Texte in Abschnitte und Sinneinheiten. Erst durch eine ausgewogene Kombination zwischen Buchstaben, Satzzeichen und Leerstellen wird das richtige Lesen ermöglicht.

Auch in unserem Leben können Leerstellen wichtige Zäsuren sein, die uns helfen, tiefere Sinnzusammenhänge zu erkennen. Der Hinweis aus der Londoner U-Bahn ist für unser Leben nicht zu unterschätzen: „Mind the Gap!" All das schwingt in der Szene mit, die wir als Nächstes näher betrachten: Maria von Magdala steht voller Trauer am leeren Grab, und wird gefragt: „Frau, warum weinst du? Wen suchst du?"

Warum weinst du?

Dann gingen die Jünger wieder nach Hause. Maria aber stand draußen vor dem Grab und weinte. Während sie weinte, beugte sie sich in das Grab vor und sah zwei weiß gekleidete Engel dasitzen, einen am Kopfende und einen am Fußende der Stelle, wo der Leichnam Jesu gelegen hatte. Sie sagten zu ihr: Frau, warum weinst du? Sie antwortete ihnen: Weil man meinen Herrn weggenommen hat und ich weiß nicht, wohin man ihn gelegt hat. Nach diesen Worten wandte sie sich um und sah Jesus dastehen, wusste aber nicht, dass es Jesus war. Jesus sagte zu ihr: Frau, warum weinst du? Wen suchst du? Sie meinte, es sei der Gärtner, und sagte zu ihm: Herr, wenn du ihn fortgetragen hast, sag mir, wohin du ihn gelegt hast. Dann werde ich ihn holen. Jesus sagte zu ihr: Maria! Da erkannte sie ihn und sagte auf hebräisch zu ihm: Rabbuni!, das heißt: Meister. Jesus sagte zu ihr: Halte mich nicht fest; denn ich bin noch nicht zum Vater hinaufgegangen. Geh aber zu den Brüdern und sag ihnen: Ich gehe hinauf zu meinem Vater und euerem Vater, meinem Gott und euerem Gott. Maria aus Magdala ging zu den Jüngern und verkündigte ihnen: Ich habe den Herrn gesehen, und dies habe er ihr gesagt.

Joh 20,10–18

Im Unterschied zu den drei synoptischen Evangelien, in denen drei Frauen am Ostermorgen zum Grab Jesu kommen, wird dies im Johannesevangelium nur von Maria von Magdala berichtet. Zuvor war sie schon bei der Kreuzigung erwähnt worden, als sie zusammen mit der Mutter Jesu und deren Schwester Jesus die Treue hält. (Vgl. Joh 19,25) Sie wird hier als Letzte genannt und so wird sie zum Kontinuum, das das Kreuz und das leere Grab miteinander verbindet. Ansonsten tritt sie im Vierten Evangelium nicht in Erscheinung. Maria – wir wollen sie im Fortgang nur bei ihrem Vornamen nennen – bricht frühmorgens in der Dunkelheit ohne weitere Gefährtinnen auf und kommt zum Grab. Als Erste entdeckt sie, dass dieses leer ist. Dadurch wird im Johannesevangelium auf sie ein besonderer Fokus gelegt: Die Frau, die allein am frühen Morgen zum Grab kommt, wird als erste Zeugin des leeren Grabes und damit der Osterbotschaft. Für die damalige Zeit ist das äußerst ungewöhnlich, hatten Frauen doch eigentlich nicht das Zeugenrecht. Sofort teilt sie ihre Entdeckung Simon Petrus und dem Lieblingsjünger mit, die sich selbst ein Bild davon machen. Danach bleibt Maria allein am leeren Grab zurück, weinend. Die US-amerikanische Neutestamentlerin Sandra M. Schneider weist auf drei Partizipien hin, die diese sehr dichte Szene untergliedern und zugleich Marias inneren Weg des Erkennens markieren: weinend (V. 11), sich umwendend (V. 16) und verkündend (V. 18). Ich möchte diesen Gedanken aufgreifen und die Szene aus dieser Perspektive näher betrachten:

Bereits die zu Beginn erwähnte Finsternis, bei der Maria am Morgen aufbricht, kann uns Lesern einen Hinweis auf ihren Seelenzustand geben. (Vgl. Joh 20,1) Der Tod eines geliebten Menschen hinterlässt tiefe Trauer, die sich wie ein dunkler Schatten über uns und unser Leben legt. Es ist schlimm genug, an einem Grab stehen zu müssen. Wie schrecklich aber muss es sein, wenn dieses geöffnet wurde und der Leichnam fehlt. Maria muss das Schlimmste annehmen, Grabschändung. Sie muss davon ausgehen, dass der Leichnam versteckt oder gar gestohlen wurde. Ich kann gut nachvollziehen, dass sich in ihrem Herzen Dunkelheit und Leere breitmachen.

Interessant ist in diesem Zusammenhang die Parallele zu einer Stelle im Hohelied. Auch dort steht eine Frau frühmorgens bei Dunkelheit auf, um ihren Geliebten zu suchen. (Vgl. Hld 3,1) In ihrer Sehnsucht durchstreift sie die ganze Stadt, kann ihn aber nicht finden. Auch die Wächter, die sie unterwegs trifft und die sie nach dem Geliebten fragt, können ihr nicht weiterhelfen und so bleibt ihre Suche zunächst erfolglos. Man könnte annehmen, dass diese Liebesgeschichte den Autoren des Johannesevangeliums als Blaupause gedient hat. Und noch etwas ist bei dieser Parallelgeschichte interessant: Die Verse aus dem Hohelied werden bis heute am jüdischen Paschafest gelesen, weil sie nach jüdischem Brauch allegorisch den Liebesbund Gottes mit seinem Volk beschreiben.

Maria steht also in (ihrer) Dunkelheit am leeren Grab und weint. Die Tränen bringen ihre ganze Trauer und ihren großen inneren Schmerz zum Ausdruck. Es ist bemerkenswert, dass diese tiefe emotionale Berührung im griechischen Urtext durch ein Partizip ausgedrückt wird. Die Stelle ist emotional so intensiv, dass wir als Leser förmlich mit in die Trauer hineingenommen werden und an Marias Seelenzustand partizipieren, d. h. teilhaben können. „Weinend" steht Maria am leeren Grab. Man könnte meinen, das leere Grab spiegele zugleich Marias inneres Vakuum, ihre innere Leere. Wenn Maria zuvor unter dem Kreuz steht und Jesus damit ihre Treue erweist, geht es auch um ihr Leben und ihren Tod. Maria hat ihr Leben an Jesus gebunden. Wenn er stirbt, nimmt auch sie den Tod für sich in Kauf. Für Maria ist Jesus ihr Leben! Welch tiefer Glaube! Wenn das nicht zu Herzen geht?! Auch jetzt am Grab stellt sich Maria dem Ort des Todes und der Leere; sie beugt sich hinein, um den toten Freund zu suchen. Dort sieht sie zwei Engel in weißen Gewändern. Allerdings erkennt Maria nicht in ihnen die Boten einer anderen Welt. Sie erkennt nicht, dass die leere Stelle, an der einst der Leichnam Jesu lag, von himmlischen Wächtern in weißen Gewändern eingenommen wurde, die für die lichtdurchflutete Wirklichkeit Gottes stehen. Maria kann nicht aufhören zu weinen. Durch ihren Tränenschleier erkennt sie nicht, wer mit ihr spricht. Erst die Frage der Engel, *Frau, warum weinst du?*, bringt Maria dazu, ihre leidvolle Leere in Worte zu fassen. Damit beginnt, wenn man so will, ein therapeutischer Prozess. Maria spricht über den Grund ihrer Trauer und geht damit den ersten Schritt der Heilung. „Weil man meinen Herrn weggenommen hat und ich weiß nicht, wohin man ihn gelegt hat", lautet ihre Antwort. Dabei ist der griechische Titel *kyrios, Herr,* zugleich ein Glaubensbekenntnis, wie wir schon bei Petrus oder in den Heilungsgeschichten gesehen haben. Wie sie erkennt auch Maria in Jesus ihren Herrn, ihren Gott.

In dem Moment, in dem Maria so allein vor dem leeren Grab steht, ist sie in gewisser Weise „Herren-los" und damit im übertragenen Sinne scheinbar auch „Gott-los" geworden. Darin zeigt sich all ihre Verzweiflung. Dieser Gedanke lässt sich noch weiter zuspitzen: Durch die Auferweckung, die sie am leeren Grab zunächst nicht begreifen kann, ist sie quasi zur Atheistin geworden. Nichts anderes beschreibt ja unser Wort „atheistisch", das sich vom Griechischen *a-theos* – „gottlos" ableitet. Maria ist mit dem Tod Jesu ihr Herr und Gott abhandengekommen. Damit fehlt ihr ihr ganzer bisheriger Lebenssinn. Ihr Leben ist „Sinn-los" und „Sinn-entleert" geworden. Aber indem sie die absolute Leere ins Wort bringt, bewegt sich etwas in Maria. Sie wendet sich um. Sie dreht sich physisch und wir könnten auch sagen innerlich vom Grab weg. In dieser Bewegung, in diesem Prozess der Umkehr sehen manche Exegeten eine theologische Aussage: Weder in einem Leichnam noch in einem Grab ist der zu finden, der das Leben ist. So hieß es schon im Prolog des Johannesevangeliums: „In ihm war das Leben, und das Leben war das Licht der Menschen. Und das Licht scheint in der Finsternis, und die Finsternis hat es nicht ergriffen." (Joh 1,4f)

Indem sich Maria vom Ort des Todes abwendet, vollzieht sie die Hinwendung zum Leben. Das unterstreicht die nun folgende Begegnung mit dem Auferstandenen, bei der es zu einer zweiten Wende kommt: Maria sieht Jesus vor sich stehen. Allerdings erkennt sie ihn zunächst nicht, sondern hält ihn für den Gärtner. Auch das lässt sich tiefer deuten: Der Gärtner ist der Freund des neuen Lebens, der aufmerksam auf das Wachstum der Pflanzen in seinem Garten achtet, sie hegt und pflegt und sich an ihrer Blütenpracht und später an den reifen Früchten erfreut. Zudem wird das schöpferische Wirken Gottes in der Bibel mit dem Tun eines Gärtners beschrieben, der Schritt für Schritt alles ins Dasein ruft, sodass seine Schöpfung einem Garten gleicht, den er durchstreift und an dessen Pracht und Vielfalt er sich erfreut. (Vgl. Gen. 1–2) In dem Moment, in dem sich Maria also vom Ort des Todes abwendet, hat sie den Lebendigen und damit das Leben vor sich stehen. Er ist nicht Teil der Vergangenheit, sondern wird zu ihrer Gegenwart und Zukunft. Der Auferstandene ergänzt die Frage der Engel, *Frau, warum weinst du?*, und hakt nach: *Wen suchst du?* Hier wird die erste Frage Jesu im Johannesevangelium an die suchenden Männer aufgegriffen, die wir eingangs betrachtet haben. (Vgl. Kap. 1)

Auch in dieser Szene drängt sich Jesus nicht auf, sondern nimmt sein Gegenüber mit seinem inneren Seelenzustand sensibel wahr und ernst. Das bringt Maria dazu, erneut ihre innere Leere zu artikulieren. Mit ihrer sehnsuchtsvollen Bitte, ihr den Ort des toten Leichnams zu verraten, findet die Szene zu ihrem Höhepunkt. Anstelle eines Fundorts nennt Jesus sie beim Namen: „Maria!" Der Klang ihres Namens bringt Licht ins Dunkle ihrer Seele: „Sich umwendend" – wiederum wird im Urtext ein Partizip verwendet und lässt uns teilhaben an Marias Seelenzustand: Sie erkennt, wem sie wirklich begegnet. Das bringt die Wende! Nun, wo sie die vertraute Stimme ihren Namen sagen hört, findet sie zum Bekenntnis: „Rabbuni!" – „Mein Meister!" In diesem Moment erfüllt sich, was Jesus bei seinen Abschiedsreden verkündet hatte, dass seine Schafe auf seine Stimme hören, sie kennen und er sie einzeln beim Namen ruft. (Vgl. Joh 10,2f) Mit dem Hören seiner Stimme schlägt ihre Trauer in Freude um, ganz wie es Jesus seinen Jüngern vor seinem Tod prophezeit hat: „Eure Trauer wird sich in Freude verwandeln." (Joh 16,20) Maria findet zu dem, den ihre Seele liebt. (Vgl. Hld 3,4)

Es ist nachvollziehbar, dass sie diesen Moment des absoluten Glücks festhalten will, ähnlich wie die Frau im Hohelied ihren Geliebten packt und nicht mehr loslassen möchte, nachdem sie ihn endlich gefunden hat. (Vgl. Hld 3,5) Doch den Himmel kann man nicht konservieren. Momente des Glücks lassen sich nicht festhalten. Das Geschenk der Auferstehung lässt sich nicht begreifen; wir können es „nur" erleben. Durch den Hinweis des Auferstandenen „Halte mich nicht fest!", erlebt Maria eine ganz neue Art der Begegnung. Ihre innere Leere wird mit göttlicher Gegenwart erfüllt. Nur dadurch kann sie das erlebte Glück mit Jesu Freunden teilen. Zum ersten und einzigen Mal im Johannesevangelium spricht Jesus hier von seinen Brüdern. Durch die Begegnung mit dem Auferstandenen werden aus Schülern Brüder: „Geh aber zu den Brüdern!", sagt er zu Maria und trägt ihr auf, ihnen von der Begegnung zu erzählen. In diesem Moment werden die Jünger seine Brüder und damit auch zu ihren Brüdern. Alle sind Geschwister und haben den einen Vater.

Diesen Sendungsauftrag erfüllt Maria, sodass sie bereits zu Zeiten der Kirchenväter als „Apostolin der Apostel" betitelt wird. Eines der ersten Zeugnisse für diesen Titel findet sich bei Hippolyt von Rom (170–235). Sie geht zu ihren Brüdern „verkündend". Zum dritten Mal wird ein Partizip verwendet, um nochmals den inneren Seelenzustand Marias zu beschreiben. *Angelousa* heißt es im griechischen Urtext, dass wir mit „einem Engel gleich" übersetzen könnten. Einem Engel gleichend kann Maria ihr Glück nicht für sich behalten und verkündet den Jüngern: „Ich habe den Herrn gesehen!" Damit aber bekommt sie eine exponierte Stellung. Während in den anderen Evangelien die Engel die Botschaft der Auferstehung an die Frauen verkünden, begegnet im Johannesevangelium Maria dem Auferstandenen direkt. Wir könnten auch sagen, dass sie entsprechend der ursprünglichen Wortbedeutung von *angelos* – „Botschafter" – durch diese direkte Begegnung und Beauftragung ein Engel geworden ist, bzw. anstelle der Engel tritt. Maria ist die Frohbotschafterin für die Gemeinde. Das ist erfüllte Leere in der Begegnung mit dem Geheimnis göttlichen Lebens. So findet Maria zur inneren Schau: „Ich habe den Herrn gesehen", den man nicht festhalten kann, sondern dessen Geschichte sich immer wieder in und mit uns verlebendigt. Zu dieser tieferen Teilhabe und Erkenntnis werden am Abend des gleichen Tages auch die anderen Jüngern finden, indem sie voll Freude dem abwesenden Thomas verkünden: „Wir haben den Herrn gesehen" (Joh 20,25). Die Botschaft an uns ist eindrücklich: Wenn wir uns sensibel auf diese Erzählung einlassen, dann können wir wie die Jünger am Wandlungsprozess Marias partizipieren, indem wir als Engel die Leere mit göttlicher Gegenwart füllen und die Botschaft vom Leben verkünden.

Sensibel leben

Für mich ist es immer eine besondere Freude, wenn ich behinderten Jugendlichen das Sakrament der Firmung spenden darf. Die Begegnungen sind häufig von unmittelbarer Herzlichkeit geprägt, von spontanen Umarmungen und überraschenden Liebkosungen. Ab und zu kann es vorkommen, dass man unvermittelt gestreichelt oder auf die Wange geküsst wird. Durch ihre unkomplizierte Art, ihre Freude zu zeigen, bringen es die Jugendlichen oft auf den Punkt und veranschaulichen, was es heißt, begeistert und von Gottes Geist erfüllt zu sein, während wir scheinbar „Normalen" eher reserviert und kontrolliert der Sache gegenüberstehen. In diesem Zusammenhang erinnere ich mich an ein Gespräch mit meinem Vorgänger Abt Odilo Lechner (1931–2017), der die Begegnung mit behinderten Menschen ebenfalls sehr schätzte. Er meinte einmal, dass gerade die Reduktion Ausdruck höchster Kunst sei. Mit einem einzigen Strich könne ein Künstler mehr sagen als mit einem anschaulichen Gemälde. Er meinte, dass das ebenso auf uns Menschen zuträfe. Dann könnte in geistig behinderten Menschen, deren Fähigkeiten und Möglichkeiten nach unseren Maßstäben oft auf ein Minimum reduziert scheinen, Gott zeigen, worum es ihm beim Menschen geht: Die Liebe vorbehaltlos leben und andere damit beschenken. Damit wollte er keineswegs behindertes Leben schönreden oder romantisieren. Nach wie vor beschäftigen mich diese Gedanken, ja sie faszinieren mich. In der größten Reduktion, in unserer Erfahrung von absolutem Mangel und Leere kann Gott zeigen, worum es ihm geht. Wenn wir dieses Defizit annehmen und aushalten, kann deutlich werden, zu welcher tieferen Erkenntnis wir dadurch geführt werden.

Nichts anderes erfährt Maria am leeren Grab, wenn wir mit ihr in einem Dreischritt (weinend – uns umwendend – verkündend) von der Leere zur Fülle, von der Finsternis zur Erkenntnis geführt werden. Dabei können uns die Partizipien, mit denen ihr innerer Seelenzustand beschrieben wird, weiterhelfen. Zunächst gilt es, weinend die Leere auszuhalten und sie ins Wort zu bringen. Die Frage, *Frau, warum weinst du? Wen suchst du?*, kommt so leicht daher, ist aber sehr tief gehend, rätselhaft und bedeutsam zugleich: Was ist der Grund meiner Leere? Welche meiner Träume und Sehnsüchte sind wie Seifenblasen zerplatzt? Wann, wo und warum ist es mir zum Heulen? Im Ringen um Antworten können wir erfahren, wie sinnlos, ja herrenlos wir geworden sind. Wenn uns der Lebenssinn abhandengekommen ist, dann haben wir die Orientierung verloren und es macht sich in uns Finsternis breit. Die Frage, *Frau, warum weinst du? Wen suchst du?*, erlaubt mir, meine Trauer und meine Tränen zuzulassen. Nur so kann ich mich von etwas lösen. Ebenso können wir die Gottesfrage leben, wenn sich der Schmerz unseres Lebens bahn bricht und sich darin äußert, was mir verloren gegangen ist und was ich nun bitterlich vermisse. Auch in meinen Tränen lässt sich Gott finden.

„Die Tränen sind das Grundwasser der Seele", so lautet ein Wort, das dem heiligen Augustinus (354–430) zugeschrieben wird. Wenn Menschen weinen, sind sie sich selbst nahe und rühren an den Ursprung ihres Lebens. Wenn ihnen dagegen nichts mehr zu Herzen gehen kann, dann vertrocknen und versteppen sie seelisch. Daher kennt das Mönchtum, so auch der heilige Benedikt, das Gebet um die Gabe der Tränen. Wenn ein Mensch seine Trauer zeigen kann über das, was ihm fehlt, und auch über seine eigenen Fehler und Verfehlungen, dann kommt er über seine Tränen dem Geheimnis des Lebens und damit Gott nahe. Aus diesem Grund empfiehlt der heilige Benedikt an verschiedenen Stellen unserer Regel das Gebet „unter Tränen und mit wacher Aufmerksamkeit des Herzens" (RB 52,4). Wir sollten uns daher immer wieder aufs Neue fragen: Bin ich (noch) Herr meines Lebens oder irre ich herrenlos durchs Dasein? Wer oder was bestimmt mein Leben? Worin liegen meine Verfehlungen?

Tränen können ebenso Ausdruck von Buße und Reue sein, wenn ich vor einem Scherbenhaufen stehe, wenn ich umkehren und mich bessern will, aber nicht weiß, wie das gehen soll, wenn ich mich frage, wer oder was hat mich geritten, dass ich so weit gegangen bin und mich entfremdet habe. Wie soll ein Neuanfang gelingen? Folglich könnte die Gottsuche auch in der Sehnsucht nach einer Wende gelebt werden. *Warum weinst du? Wen suchst du?* – Wie bei Maria kann auch in unserer Trauer sichtbar werden, dass vielleicht auch unsere Gottesvorstellungen zerbrochen sind und wir diese zu Grabe tragen müssen. Wir können gott-los geworden sein, weil er uns genommen wurde, weil wir uns von ihm wegbewegt haben oder weil wir ihn festhalten wollten z. B. in Bildern, formulierten Gebeten und Bekenntnissen, die in den Jahren zu leeren Worthülsen geworden sind und keine lebendige Beziehung mehr artikulieren. Wir können gott-los geworden sein, weil er in schweren Stunden fehlte, in denen wir seine Nähe und sein Eingreifen erhofft hatten und jäh enttäuscht wurden. Wiederum stellt sich die Frage nach dem Leid, wie sie uns schon bei der Erweckung des Lazarus beschäftigt hat, bei der es Jesus war, der weinte. Ähnlich wie Maria, die den toten Leichnam mit den Worten sucht: „Herr, wenn du ihn fortgetragen hast, sag mir, wohin du ihn gelegt hast", stellte auch Jesus die Frage: „Wo habt ihr ihn hingelegt?" (Joh 11,34) Gott ist die Frage nach dem Leid und dem Tod, wie es der Ruf des Gekreuzigten, seine letzten Worte im Markusevangelium, zum Ausdruck bringt: „Mein Gott, mein Gott, warum hast du mich verlassen?" (Mk 15,34) Diese Gottverlassenheit, diesen atheistischen Zustand hält Maria am Grab aus. Damit wandelt sich die Frage, Adam, wo bist du?, zu: Gott, wo bist du? Diese Frage zu leben, mit ihr unter Tränen zu ringen, ist die letzte Reduktion des Glaubens, die uns aufgegeben ist.

Das Geheimnis Gottes lässt sich niemals vollständig begreifen und in starre Worte oder gar Lehrsätze fassen. Bei allem, was wir von Gott zu wissen glauben, wird er immer der

Unfassbare bleiben, der uns mitunter in Leere und Sprachlosigkeit zurücklässt. Unsere Zweifel und Glaubensnöte dürfen wir zulassen, so wie auch Maria sie zuließ. Aber es gilt auch, wie Maria diese Defizite ins Wort zu bringen, indem wir nicht aufhören, nach Gott zu suchen und mit ihm zu sprechen. Letztlich bedeutet das, beten unter Tränen. Diese Leere, die sich ausdrückt in der verzweifelten Feststellung „Sie haben meinen Herrn weggenommen!", ist nicht unser Verschulden. Sie ist durch Gott bestimmt. Er ist der Ursprung meiner gefühlten Sinnlosigkeit. Seine Abwesenheit provoziert Emotionen im eigentlichen Sinn des Wortes. *Emovere* meint „herausbewegen", „emporwühlen". All das, was uns zuinnerst bewegt, kommt in den Tränen nach außen. *Warum weinst du? Wen suchst du?* – In all unseren Fragen nach dem Grund unserer Trauer kann Gott erneut entdeckt werden. Darauf verweisen letztlich die Engel und der Auferstandene selbst, so die Überzeugung des Johannesevangeliums. In unserem Ringen und Suchen, in unserem Weinen und in all dem, was uns zuinnerst berührt, können wir seine Spur wiederfinden.

„Wahrscheinlich ist die Trauer das stärkste Gefühl, das uns am meisten zu uns selbst zurückführt", meinte einmal eine befreundete Psychotherapeutin. „Die Trauer ruft uns mit unserem Namen. So angerührt, bekommen wir Kraft zum Neuanfang", führte sie weiter aus. Mich bewegen diese Gedanken: Die Trauer ruft uns mit unserem Namen – sie ruft uns mit unserer Lebensgeschichte. Das ist es, was die Wende Marias zum Leben bewirkt. Gott ist die Frage nach dem Grund meiner Lebensgeschichte, nach der Liebe, die meinen Namen ruft, wie es beim Propheten Jesaja heißt: „Fürchte dich nicht; denn ich habe dich ausgelöst und rufe dich beim Namen, mein bist du." (Jes 43,1)

Es hilft, die positiven Wenden der eigenen Lebensgeschichte zu betrachten: Wann habe ich erlebt, dass etwas Abgestorbenes lebendig, dass Dunkelheit mit Licht durchflutet wurde und ich von der Leere zur Fülle fand? Kann ich in diesen Momenten des Wandels Gottes Spur erkennen, der nach biblischem Verständnis mich mit meinem Namen ruft und mein Leben will? Kann ich so selbst einem Botschafter gleich zum Bekenntnis finden: „Ich habe den Herrn gesehen?"

All diese Fragen und Gedanken erinnern mich an das Gespräch mit einer Frau, die ihren geliebten Partner durch einen schnellen Herztod verloren hatte. Ich war etwas erstaunt, dass sie nach wenigen Wochen nicht mehr in der Trauer verharrte und auch nicht mit ihrem Schicksal haderte. Auf meine Nachfrage, warum sie denn so souverän mit ihrem Abschiedsschmerz umgehen könnte, meinte sie nur: „Das Leben mit meinem Partner war ein einziger Blick ins Paradies! Darauf kommt es an." Damit wollte sie nicht die Krisen und schweren Stunden, die es auch bei ihnen gab, beschönigen. Auch ging es ihr nicht um eine Heiligsprechung ihres Partners, dessen Eigenheiten und Fehler sie auch nach dessen Tod nicht vergaß. Aber die Liebe, die beide für so viele Jahre miteinander teilten, war für sie das Entscheidende. In ihr, so ihre Überzeugung, öffne sich der Himmel gerade in der Trauer des Abschiednehmens. Der vermeintliche Gärtner hatte sie mit ihrem Namen gerufen. Das ist für sie das Lebenselixier auch nach dem Tod ihres Partners. Sich umwendend wurde sie so zur Frohbotschafterin für ihr Umfeld.

Die Wende hin zum Leben ist eine Frage des Herzens, dass sich ein Mensch letztlich nicht mit der Leere abfindet, sondern beharrlich auf die Suche geht nach dem, was ihm abhandengekommen ist. Wenn so das Vergangene nicht als Verlust gesehen, sondern als Blick ins Paradies gewandelt wird, dann hat unser Leben Zukunft. „Denn es gibt Dinge, die nur Augen sehen, die geweint haben", so habe ich einmal gelesen. Damit aber spiegelt sich die Frage nach Gott in der Frage nach erfüllenden Begegnungen, wie sie Maria erlebt. Wenn ich die Sehnsucht nach dem Ende der Tränen und nach erfülltem Leben zu leben beginne, dann kann meine zunächst erfahrene Sinnlosigkeit im eigentlichen Wortsinn sehr sinnvoll werden. Die Frage, *Warum weinst du, was suchst du?*, mündet somit wieder in die erste Frage: Adam, wo bist du? Was suchst du?

Kapitel 11
Meine Schuld als Gottesfrage

In einer chassidischen Geschichte fragt ein Freund einen anderen: „Sag mir, liebst du mich?" Und er bekommt zur Antwort: „Ich liebe dich sehr." „Weißt du auch, was mir wehtut?", fragt der Freund weiter. „Wie kann ich wissen, was dir wehtut?", kommt es zurück. „Wenn du nicht weißt, was mir wehtut, wie kannst du dann sagen, dass du mich liebst? Versteh doch: Lieben, wirklich lieben, heißt wissen, was dem anderen wehtut."

Mitunter erzähle ich diese Geschichte bei Gesprächen mit Brautpaaren und bin immer wieder erstaunt, wie nachdenklich die Stimmung dann auf einmal wird. Zuvor hat das Paar begeistert und emotional über ihre Liebe gesprochen, wie sie zueinander fanden und wo sie tragende Übereinstimmungen haben. Sie berichteten, wie sie sich in ihrer Unterschiedlichkeit ergänzen und was sie sich von ihrer gemeinsamen Zukunft erhoffen. Dann konfrontiere ich sie mit dieser Geschichte und plötzlich wird es still im Raum. Ich erzähle die Geschichte nicht, weil ich die Freude und die Hoffnung des Paares zunichtemachen möchte. Im Gegenteil. Ich erzähle sie, weil ich denke, dass Liebende wissen sollten, was dem anderen wehtut. Nur dann können sie sensibel damit umgehen. Dies ist nicht nur für ein junges Paar eine große Aufgabe. Wir alle reifen ein Leben lang daran. Wunde Punkte können es in sich haben und brauchen Achtsamkeit, wie es manche Redewendung ins Wort bringt. Wenn wir z. B. in einer Wunde bohren oder den Finger in eine Wunde legen, oder gar Salz in die Wunde streuen, dann verschlimmern wir noch die unangenehme Lage des anderen und verletzen ihn erneut. Es schmerzt noch mehr. Daher ist Vorsicht und Sensibilität geboten. Manche Wunden und Verwundungen vernarben nie. Andere können durch sorgfältige und behutsame Pflege mit der Zeit heilen, wie es das Sprichwort zum Ausdruck bringt: „Die Zeit heilt alle Wunden!" Und doch kann ein falsches Wort zum falschen Moment dazu führen, dass die Wunde wieder aufreißt.

„Einen Menschen wirklich lieben, heißt wissen, was ihm wehtut!" – in dieser Feststellung schwingt ebenso die Fähigkeit zur Empathie mit. Die Liebe zeigt sich im Mitgefühl, darin, dass ich mich in den anderen hineinversetzen und mit ihm mitleiden kann. Eigentlich ist es diese unverbrüchliche Solidarität zum Partner, die sich die Brautleute versprechen: „Ich will dich lieben, achten und ehren!" Eine reife Liebe zeigt sich in der Achtung und Ehrfurcht. Wer so liebt, der weiß, was dem anderen wehtut, und er wird alles versuchen, damit Wunden heilen können. Freilich kann manche Wundbehandlung auch kurzzeitig zu neuen Schmerzen führen. Wichtig ist, das Ziel klar vor Augen zu haben: Heilung. Es darf nicht zum Motiv werden, die Wunde und damit die Schmerzen zu vergrößern. Es sollte immer darum gehen, mithilfe einer passenden Therapie den Heilungsprozess zu ermöglichen oder voranzutreiben. Dafür bedarf es eines achtsamen Umgangs miteinander. Bestimmt braucht es manchmal das klärende Wort. Statt lange um den heißen Brei herumzureden, kann es hilfreich sein, Dinge direkt anzusprechen. So kann der andere im Gespräch seinen eigentlichen wunden Punkt wahrnehmen und diesen anpacken, ohne sich lange an den Symptomen behandeln zu lassen. Auch in einem solchen Handeln zeigt sich Achtung und Ehrfurcht vor dem anderen. Auch ein Konflikt kann ein Zeichen von Wertschätzung sein, sofern er anständig und fair ausgetragen wird. Und selbst wenn es wehtut, die Wahrheit ins Wort zu bringen, und es Überwindung kostet, Dinge anzusprechen, ohne den anderen dabei verletzen zu wollen, kann eine ehrliche Auseinandersetzung Ausdruck von Liebe sein: Du bist mir nicht gleichgültig, daher benenne ich die Probleme, auch wenn dies uns beiden wehtut. Aber ich will mit dir um eine Lösung ringen, weil mir an uns beiden sehr viel liegt. Bisweilen muss etwas aus- und angesprochen werden, damit Heilung möglich wird. Auch das impliziert der Satz: „Einen Menschen lieben heißt wissen, was ihm wehtut!"

Eli Wiesel sprach einmal davon, dass das Gegenteil von Liebe nicht Hass, sondern Gleichgültigkeit sei. Vielleicht ist es zunächst etwas überraschend, aber ich denke, er hat recht: Solange ich negative Emotionen für einen Menschen verspüre oder ihn sogar hasse, dann habe ich diesen Menschen noch nicht abgeschrieben, er ist mir nicht egal. Selbst der Hass, so schrecklich er ist, ist Ausdruck von Leidenschaft. Gleichzeitig verweist er aber auch auf meine eigenen Verwundungen und kann mir helfen, mich nach außen hin abzugrenzen und zu schützen. Dadurch kann der Hass zugleich ein wichtiges Signal für mich sein. Er zeigt mir, wo meine wunden Punkte sind und welchen eigenen Wunden ich mich widmen sollte. „Lieben, wirklich lieben, heißt wissen, was dem anderen wehtut." Jesus wählt den Weg der Liebe. Er weiß, dass Simon Petrus unter seinen Verfehlungen leidet. Ebenso kennt Jesus auch seine eigenen Verwundungen. Um einen therapeutischen Prozess anzustoßen, fragt er Simon dreimal: „Liebst du mich?"

Liebst du mich?

Als sie das Frühmahl eingenommen hatten, sagte Jesus zu Simon Petrus: Simon, Sohn des Johannes, liebst du mich mehr als diese? Er antwortete ihm: Ja, Herr, du weißt, dass ich dich lieb habe. Er sagte zu ihm: Weide meine Lämmer! Er fragte ihn zum zweiten Mal: Simon, Sohn des Johannes, liebst du mich? Er antwortete ihm: Ja, Herr, du weißt, dass ich dich lieb habe. Jesus sagte zu ihm: Weide meine Schafe! Zum dritten Mal fragte er ihn: Simon, Sohn des Johannes, hast du mich lieb? Da wurde Petrus traurig, weil Jesus ihn zum dritten Mal gefragt hatte: Hast du mich lieb? Und er antwortete ihm: Herr, du weißt alles, du weißt, dass ich dich lieb habe. Jesus sagte zu ihm: Weide meine Schafe! Amen, amen, ich sage dir: Als du jung warst, hast du dich selbst gegürtet und bist gegangen, wohin du wolltest. Wenn du aber alt geworden bist, wirst du deine Hände ausstrecken und ein anderer wird dich gürten und dich führen, wohin du nicht willst. Das sagte er, um anzudeuten, durch welchen Tod er Gott verherrlichen würde. Nach diesen Worten sagte er zu ihm: Folge mir!

Joh 21,15–19

Die Begegnung des Auferstandenen mit Simon Petrus am See von Tiberias steht im sogenannten Nachtragskapitel des Johannesevangeliums. Dieses Kapitel wurde erst später an den ursprünglichen Text angefügt. Vielleicht war in den Gemeinden, für die das Vierte Evangelium verfasst wurde, die Autorität des Petrus strittig, nachdem dieser die Zugehörigkeit zu Jesus nach dessen Gefangennahme dreimal verleugnet hatte. (Vgl. Joh 18,15–27) Der Anhang könnte so seiner Rehabilitation gedient haben. Zuvor wird der reiche Fischfang am See von Tiberias geschildert. Der Jünger, den Jesus liebte, erkennt im Fremden, der frühmorgens am Ufer steht, den auferstandenen Herrn. Daraufhin legt Petrus das Obergewand an, weil er, wie es heißt, nackt ist. Er springt in den See, zieht das Netz mit den Fischen an Land und bringt es zu Jesus. Nach dem anschließenden Mahl am Ufer geht nun Jesus behutsam auf Petrus zu. Er weiß, was diesem in seinem Innersten quält, wo sein wunder Punkt liegt. Ohne den Finger direkt in die Wunde zu legen oder ihm gar Vorwürfe zu machen, holt Jesus feinfühlig Petrus bei seiner Schuld ab. Dreimal stellt er ihm die Frage: „Simon, *liebst du mich?*" Spätestens jetzt wird der Leser des Evangeliums unweigerlich daran erinnert, wie Petrus Jesus dreimal verleugnete.

Lieben, wirklich lieben, heißt wissen, was dem anderen wehtut! – In der Szene mit Petrus werden wir Zeugen eines behutsamen Seelsorgegesprächs. In der dreifachen Frage, Simon, *liebst du mich?*, wird im griechischen Urtext zunächst zweimal das Wort *agapan* verwendet, erst beim dritten Mal *philein*. *Agapan* umschreibt die hingebende Liebe. *Philein* hingegen bezeichnet die Liebe unter Freunden, die auch Irrwege und Fehler kennt. (Vgl. Kap. 7) Die deutsche Übersetzung versucht diese Nuancen nachzuahmen, indem es dort heißt: „Simon ... liebst (*agapan*) du mich?", und Simon antwortet: „Herr, du weißt, dass ich dich lieb habe (*philein*)!" Simon antwortet auf Jesu Frage zweimal mit *philein*. Das könnte einem Eingeständnis seines Versagens nahekommen. Er, der vor der Leidensgeschichte Jesu sich selbstsicher zu diesem bekannt hatte (Vgl. Joh 6,68; Kap. 5), ist sich seines Fehlers bewusst. Daher spricht er demütig vom „Freundsein" und nicht von der „liebenden Hingabe", so lautet die Deutung mancher Bibelwissenschaftler. Wenn nun Jesus in der dritten Frage die Antwort des Simon aufgreift und ihn mit dem Wort *philein* nach seiner freundschaftlichen Liebe fragt, dann holt Jesus Simon bei seinem Versagen ab. Jesus stellt Simon damit eine Frage, die er von ganzem Herzen bejahen kann. Der Freund wird weder bloßgestellt noch überfordert. Es ist eine Begegnung auf Augenhöhe. Das ist der Weg Gottes mit dem Menschen, wie ihn das Johannesevangelium beschreibt. In seinem Sohn beugt sich Gott zu uns Menschen, um uns die Füße zu waschen und uns seine Freundesliebe zu schenken: „Ich nenne euch nicht mehr Knechte; denn der Knecht weiß nicht, was sein Herr tut. Euch habe ich Freunde genannt, weil ich euch alles mitgeteilt habe, was ich von meinem Vater gehört habe." (Joh 15,15)

Die Frage, *Liebst du mich?*, ist unter zwei Menschen eine sehr intime Frage. Alle Hoffnung, alle Erwartung, alle Furcht und Enttäuschung schwingt in ihr mit. Eine ehrliche Antwort kann Glück, aber auch Unglück bedeuten. Es ist beachtenswert, dass Jesus nicht fragt: Willst du es wiedergutmachen? Willst du es bereuen und dich bessern? Simon muss sich weder rechtfertigen noch erklären. Dadurch wird deutlich, worum es im Leben mit Jesus geht und worin sich seine Freundschaft zeigt: Es geht um die einzigartige Person mit ihrer konkreten Lebensgeschichte. Dies könnte vielleicht auch der Grund sein, warum hier Simon als Sohn des Johannes und nicht mit seinem Ehrennamen Petrus angeredet wird. Es geht nicht um den Felsengrund, wie er bei der ersten Begegnung betitelt wurde (vgl. Joh 1,42), sondern um Simons Lebensgeschichte. Und diese hat spätestens seitdem der Hahn krähte (vgl. Joh 18,27) ihre Macken und Beulen.

Die Botschaft an uns Leser ist eindrücklich: Wir dürfen uns mit Simon identifizieren. Mit unseren schmerzlichen Verfehlungen, Lebensunfällen und Bruchstellen, mit unserer ganzen Schuld können wir uns in ihm wiederfinden. Das ist Fußwaschung konkret, die den Neuanfang ermöglicht: „Begreift ihr, was ich an euch getan habe?" Bei der dreimaligen Befragung sticht die Hervorhebung Simons vor den anderen Aposteln ins Auge, wenn dieser gefragt wird: „Liebst du mich mehr als diese?" Muss er mehr bringen, weil er am meisten versagt hat? Soll sein Führungsanspruch etwa durch ein „Mehr an Liebe" legitimiert werden? Simon hingegen ist sehr vorsichtig geworden. Er legt nicht mehr ein ausdrucksstarkes Bekenntnis ab, sondern gibt die Antwort in den Mund des Fragenden zurück, wenn er bescheiden erwidert: „Ja, Herr, du weißt alles..." Das genügt. Er spürt seinen wunden Punkt, und ist sich bewusst, dass auch Jesus um seinen Seelenzustand weiß. Das macht ihn traurig, hat er doch als Freund versagt. Die dreimalige Frage, Simon, *liebst du mich?*, dient zur Klärung, zur Standortbestimmung. Sie steht damit in Analogie zur Frage: Adam, wo bist du? Was suchst du? Jesus ist sich bewusst, wo Simon steht und dass dieser ihn liebt. Aber durch das dreimalige Fragen kann Simon Schritt für Schritt mit sich ins Reine kommen. Indem er seine Freundschaft ins Wort bringen darf, kann seine Wunde behutsam heilen, sodass er seine Position neu bestimmen kann. Damit findet er zu seiner Aufgabe zurück, Fels für andere zu sein, wenn ihn Jesus nun mit der Sorge um die Seinen betraut: „Weide meine Lämmer – weide meine Schafe!" Das erinnert an die Hirtenrede Jesu. (Vgl. Joh 10) Simon wird zum Hirten in der Stellvertretung dessen, der selbst der gute Hirt ist. Anstelle der Vergangenheitsbewältigung tritt so die Zukunft. Er wird beauftragt, für die verwaiste Herde Verantwortung zu übernehmen. Selbst die Verleugnung hat die Freundschaft nicht aufgekündigt, sondern vertieft. Dabei hat Simon erlebt, was es heißt zu lieben: Wissen, was dem anderen wehtut! So hat er sich für seine verantwortungsvolle Aufgabe qualifiziert. Wer mit dieser Sensibilität Führungsverantwortung trägt, wird dem Anspruch Jesu gerecht, der aus Liebe seinen Jüngern die Füße wäscht und sein Leben am Kreuz hingibt.

Dankbar leben

Unvergessen bleibt mir eine Begegnung mit einem Teilnehmer bei den Exerzitien für Führungskräfte, die wir regelmäßig in Andechs anbieten. Es war ein erfolgreicher Mann mittleren Alters. Bei der Vorstellungsrunde betonte er, dass bei ihm sowohl in der Familie als auch im Beruf alles zum Besten gestellt sei. Er selbst sei Atheist, würde aber trotzdem an diesen Tagen offen und interessiert teilnehmen wollen. Für uns ist das kein Problem, da die Exerzitien für Suchende gedacht sind und der Gottesglaube keine zwingende Voraussetzung ist. Am vorletzten Tag bat dieser Teilnehmer um ein Gespräch mit mir. Unter Tränen erläuterte er mir sein Problem: In den Tagen der Exerzitien habe er festgestellt, dass er niemandem für seinen Erfolg danken könne. Selbstverständlich wäre er seiner Frau, seinen Kindern und seinen Eltern dankbar für das gute familiäre Umfeld. Auch wäre er froh, dass er hervorragende Kollegen und Mitarbeiter habe. Aber sein Erfolg wäre sein Verdienst. Ihm fehle, so stellte er fest, jemand wie Gott, dem er letztlich danken könne für seine Begabungen, seine Ideen, sein Glück, seine Gesundheit, seinen Wohlstand und für all das, was ihm in all den Jahren zugefallen sei. Aber er habe niemanden dafür. Das berührte ihn zutiefst. Mir wurde in diesem Gespräch bewusst: Dankbarkeit braucht ein Ziel!

Unser Wort „Dank" leitet sich von „denken" ab. Wenn ich dankbar bin, dann denke ich daran, welche Wohltaten mir von anderen erwiesen wurden. Mit dem Dank spüre und erfülle ich meine Schuldigkeit, meine Dankbarkeit ins Wort bringen, um auf die Wohltat des anderen zu antworten. Oft hat ja der Begriff Schuld einen negativen Touch. Dabei ist die Schuld mit dem Dank verbunden, wenn wir etwa feststellen:

„Das mache ich doch gerne, das bin ich Ihnen doch schuldig, es ist doch das Mindeste, dass ich mich bedanke!" Wie der Dank, so braucht auch unsere Schuldigkeit ein Ziel. Wenn ich mich bei keinem im eigentlichen Sinn des Wortes „ent-schuldigen" kann, dann werde ich ein Leben lang meine Schuld mit mir herumtragen müssen, wie es der erfolgreiche Manager mit seinem Dank erfahren hat. Das kann sehr belastend sein, weil wir uns als Menschen immer wieder verfehlen.

Umso ausdrucksstärker ist die Szene zwischen Jesus und Simon am See von Tiberias. Sie sagt auch uns Lesern zu: Zu Gott dürfen wir mit unserem Dank, aber ebenso mit unserer Schuld kommen. Das ist die zentrale Botschaft zum Abschluss des Vierten Evangeliums. Auch in der Frage nach meinen Verfehlungen kann ich die Gottesfrage leben.

Ich kann mich fragen: Geht es mir wie dem Manager, der jemanden oder etwas vermisst, dem er danken, bzw. bei dem er sich entschuldigen kann? Habe ich einen solchen Freund, der mich einerseits nicht bloßstellt, der mich aber andererseits sehr wohl behutsam auf meine wunden Punkte hinweist und mir so die Chance zur Veränderung gibt? Der weiß, was mir wirklich wehtut, und liebevoll damit umgeht, sodass es heil werden kann? Kann Gott dieser Freund für mich sein?

In alldem kann ich die Frage nach Gott leben, der nach biblischem Verständnis seinen Sohn als Erlöser gesandt hat, um den Menschen von Sünde und Schuld zu befreien. Ihm kann ich für so vieles danken. Erneut spiegeln sich in der Frage *Liebst du mich?* bzw. Willst du mein Freund sein? die Eingangsfragen: Was sucht ihr? und Adam, wo bist du?

Eine ältere Benediktinerin meinte einmal im Gespräch: „Es ist leichter, Gott zu lieben, als an ihn zu glauben." Ich muss etwas irritiert reagiert haben, denn sie begann sofort, den Satz zu erläutern: „Wissen Sie", fuhr sie fort, „die Liebe kommt von Herzen, mit ihr kann ich Gott annehmen, so wie er ist, auch wenn ich ihn oft nicht mehr verstehe und kein Vertrauen mehr zu ihm habe." Die Weisheit, die in diesem Gedanken steckt, kann uns weiterhelfen. Wie wir gesehen haben, bleibt uns Gott in der Frage nach dem „Warum" menschlichen Leids unverständlich. Das Vertrauen in seine Güte nimmt mit jedem Schicksalsschlag, mit jeder Katastrophe ab. Wir können ihn irgendwann nicht mehr verstehen. Aber trotzdem bleibt die Liebe. Vielleicht ist das vergleichbar mit Kindern, die häufig die Entscheidungen ihrer Eltern nicht nachvollziehen können und darunter leiden, aber trotzdem nicht die Liebe zu ihnen aufkündigen.

Simon hat wahrscheinlich den Weg Jesu und damit den Weg Gottes nicht vollständig verstanden. Warum muss Gottes Sohn den Kreuzweg gehen, den Weg des Leidens und des Todes?! Ich glaube, das kann niemand letztlich ergründen. Offenbar ist es ein Akt der Liebe, der angenommen werden muss, ohne ihn jemals vollends zu verstehen. Es ist absolut nachvollziehbar, dass Simon schlichtweg seine eigene Haut retten möchte, wenn er dreimal verleugnet, zu diesem Mann aus Nazaret zu gehören. So verstanden ist die Szene am See von Tiberias eine notwendige Nachhilfestunde für uns alle. Simon lernt zu begreifen, dass er trotz seiner Schuld von Jesus, seinem Freund, geliebt wird. „Versteht ihr, was ich an euch getan habe?" Auch wenn wir versagen, bleibt die tiefe Verbundenheit des Freundes. Das gilt es, dankbar zu leben. Jesus stellt Simon nicht die Frage: Glaubst du an mich? Jesus will von ihm wissen: *Liebst du mich?* Letztlich will Jesus erfahren, ob Simon an die Liebe Gottes glaubt, die stärker ist als alle Enttäuschungen.

Simon lernt dadurch, sich selbst mit seinen Licht- und Schattenseiten anzunehmen: Wenn mich Jesus trotz alldem, was passiert ist, liebt, dann kann auch ich mich mit meiner Schuld annehmen. Daraus kann große Dankbarkeit wachsen. Die Möglichkeit, Fehler zu machen, gehört zur menschlichen Freiheit dazu. Allerdings braucht es die Einsicht, dass ich etwas falsch gemacht habe und mir dies leidtut. Reue geht jedem Neuanfang voraus. Vielleicht ist genau diese Einsicht der Auslöser dafür, dass sich Simon vor der Begegnung mit dem Auferstandenen das Obergewand anzieht, weil er nackt ist, und in den See springt. (Vgl. Joh 20,7) Vielleicht schämt er sich, weil er sich inzwischen seines Verschuldens bewusst ist und es ihn reut. Möglicherweise geht es ihm, wie es Adam ergangen ist, der, nachdem er von der Frucht des Baumes gegessen hatte, seine Nacktheit erkannte? Zugleich erinnert Simons Verhalten an die Szene vor der Passion, als Jesus das Obergewand ablegt, um seinen Jüngern die Füße zu waschen. Jesus kennt keine Scham und geniert sich nicht. Er ist bereit, sich dem Dreck und dem Schmutz zu stellen: „Versteht ihr, was ich an euch getan habe?" Die Botschaft ist berührend, weil sie voller Zuneigung und Liebe ist: Trotz meines Versagens bin ich von Gott geliebt. Er wäscht mir die Füße. Er ist barmherzig mit mir.

Die Begegnung am See von Tiberias ermutigt, in der Deutung noch einen Schritt weiterzugehen. Aufgrund meines Versagens und meiner Schuld bin ich von Gott geliebt, weil er mich von all dem erlösen und befreien will, was schwer auf mir lastet und mir in meiner Scham den Zugang zu ihm verwehrt. Gott hat den Menschen mit Freiheit geschaffen und nimmt somit die Verfehlungen in Kauf. Aber das schmälert nicht seine Liebe zu uns. Gerade in unserer Schuld kann Gott uns seine Liebe und Barmherzigkeit zeigen bis zur Vollendung. Das ist sein Part, im ursprünglichen Sinne sein Datum; das, was ihm gegeben ist. Davon ist das Johannesevangelium überzeugt.

Nichts anderes besingen wir bei der Feier der Osternacht im Lobgesang auf die Osterkerze, wenn es dort heißt: „Oh glückliche Schuld, welch großen Erlöser hast du gefunden." Das klingt paradox. Es drückt eine Umkehrung aus, wie wir sie schon beim Rollentausch der Fußwaschung beobachten konnten. Für uns ist Gottes Liebe in ihrer Unergründlichkeit nicht mehr zu verstehen. Wir können sie nur erwidern, wie es Simon demütig tut.

Dieser Gedanke findet sich auch in einem Kapitel der Benediktsregel wieder. Dort ist die Rede von den Werkzeugen der geistlichen Kunst. Am Anfang steht die Gottes- und Nächstenliebe als erstes und wichtigstes Gebot. Es folgen die Zehn Gebote, die Werke der Barmherzigkeit und viele andere Empfehlungen, wie der Mönch zu Gott finden kann. Eigentlich ist dieses Kapitel, das zudem noch das längste der Regel ist, in seiner Fülle von Empfehlungen eine einzige Überforderung. Ein Scheitern ist vorprogrammiert, weil wir den ganzen Katalog nie erfüllen können. Für mich ist es daher äußerst entlastend, wenn der heilige Benedikt als letztes Werkzeug der geistlichen Kunst empfiehlt: „Und an Gottes Barmherzigkeit niemals verzweifeln." (RB 4,74) In all meinem Unvermögen und in all meinen Verfehlungen darf ich darauf vertrauen, dass Gott mich trotzdem annimmt. Barmherzigkeit ist im Deutschen ein ausdruckstarkes Wort und leitet sich vom lateinischen Begriff *misericordia* ab: *Miser cor dare!* – „Dem Armen sein Herz schenken." Nichts anderes geschieht am See von Tiberias, wenn Jesus Simon liebevoll in seine Freundschaft zurückholt. Ohne ihn bloßzustellen schenkt er dem Armen, der sich in seiner Nacktheit ertappt fühlt, sein Herz. So kann neues Leben aufkeimen: „Oh glückliche Schuld, welch großen Erlöser hast du gefunden." Mit seiner Antwort, „Du weißt alles, du weißt auch, dass ich dich liebe!", unterstreicht

Simon, dass er sich angenommen fühlt, so wie er ist, gerade auch in seiner ganzen Schwachheit.

Mich erinnert das an die Feier unserer Profess: Nachdem der Mönch, der sich an die klösterliche Gemeinschaft binden will, seine Professurkunde verlesen hat, in der er sich der klösterlichen Lebensweise verspricht, singt er dreimal den Psalmvers: „Nimm mich an, oh Herr, gemäß deiner Verheißung und ich werde leben, lass mich in meiner Hoffnung nicht scheitern." (Ps 119,116; RB 58,21) Mich hat dieser Vers schon öfters getröstet, gerade dann, wenn mir bewusst wurde, dass ich der klösterlichen Lebensweise nicht entsprochen habe. *Suscipe me...*, heißt es im Lateinischen, nimm mich an. *Suscipere* – „annehmen" – stellte in der römischen Welt einen Rechtsakt dar. Wenn eine Frau ein Kind zur Welt brachte und der Vater das Neugeborene auf seinen Schoß setzte, dann bekundete er damit: Dieses Kind ist von mir gezeugt. Es ist mein Kind. Ich nehme es an als meine Tochter, als meinen Sohn! Auch wurde das Wort *suscipere* verwendet, wenn ein Mann das Stadtrecht verliehen bekam und so als vollwertiges Mitglied in die Bürgerschaft aufgenommen wurde. Wenn wir nun bei unserer Profess diesen Vers dreimal singen, dann ist er Vergewisserung: Trotz all meiner Fehler und Unzulänglichkeiten, trotz all meiner Schattenseiten und Schuld nimmt mich Gott als sein geliebtes Kind an. Ich habe in seiner Stadt das Bürgerrecht!

Letztlich wird am Ufer des Sees von Tiberias Profess gefeiert, um im Bild zu bleiben. Jesus sagt Simon Leben zu und lässt ihn nicht in seiner Hoffnung scheitern, wie es im Psalmvers heißt. Aus dieser Zusage heraus kann Simon neu anfangen und als Fels für andere Verantwortung übernehmen. Gerade auch seine Verfehlungen qualifizieren ihn für seine Führungsaufgabe. Das klingt zunächst eigenartig. Aber auch dieser Gedanke findet sich in der Benediktsregel wieder: Eindrücklich ermahnt der heilige Benedikt den Abt, die Mitbrüder, die sich verfehlt haben, nicht zu streng zurechtzuweisen. Er schreibt: „Immer gehe ihm Barmherzigkeit über strenges Gericht, damit er selbst Gleiches erfahre. Er hasse die Fehler, er liebe die Brüder. Muss er aber zurechtweisen, handle er klug und gehe nicht zu weit; sonst könnte das Gefäß zerbrechen, wenn er den Rost allzu heftig auskratzen will. Stets rechne er mit seiner eigenen Gebrechlichkeit. Er denke daran, dass man das geknickte Rohr nicht zerbrechen darf. Damit wollen wir nicht sagen, er dürfe Fehler wuchern lassen, vielmehr schneide er sie klug und liebevoll weg, wie es seiner Ansicht nach jedem weiterhilft." (RB 64,10-14) Ebenso liebevoll wird Simon von seiner Schuld befreit. Angesichts seiner eigenen Gebrechlichkeit, seines wunden Punktes wird er so für den Führungsdienst an der Gemeinde qualifiziert.

Die Frage, *Liebst du mich?*, ist damit eine Frage an uns selbst: Kann ich meine Gebrechlichkeit annehmen? Habe ich eine gesunde Selbstliebe, die mich befähigt, andere mit ihren Schwächen zu achten? Kann ich aufgrund meiner Unzulänglichkeit und Unvollkommenheit barmherzig sein mit denen, die an mir schuldig geworden sind, und darin die Gottesfrage leben?

„Einen Menschen wirklich lieben, heißt wissen, was ihm wehtut" – ausgehend von diesem Satz können wir noch einen abschließenden Gedanken entfalten, der nochmals die Gottesfrage aufwirft: Wenn es den Himmel gibt, wenn es diesen Zustand bleibenden Glücks in der Begegnung mit Gott gibt, dann muss es zuvor so etwas wie ein „letztes Gericht" geben. Wenn jeder, auch die schlimmsten Verbrecher und Schurken, ohne eine Art Verhandlung oder Reflexion seiner (schweren) Verfehlungen das ewige Leben zum Nulltarif geschenkt bekäme, würde der Anspruch der Gerechtigkeit ad absurdum geführt werden. Ansonsten stellte sich die berechtigte Frage: Kann Gott auf Kosten der Opfer, die von anderen viel Unrecht und Leid erfahren haben, alles durchgehen lassen? Bekanntermaßen wurde mit dem Gedanken des Gerichts oft Angst gemacht und diszipliniert. Sätze fielen, wie: „Warte nur, wenn du selbst einmal dran bist und für deine Taten vor Gott einstehen musst!" Ich glaube, wenn wir den Nachtrag des Johannesevangeliums betrachten, dann veranschaulicht er, wie wir uns dieses letzte Gericht vorstellen können: Gott wird mein Leben am Ende zum Guten richten, indem er mich barmherzig von aller Schuld befreit. Das geschieht nicht durch Bloßstellung, sondern durch Liebe; durch eine Liebe, die meine Augen und mein Herz für mein eigenes Verschulden öffnet, sodass ich meine Fehler bereuen kann. Nichts anderes erlebt Simon Petrus, wenn er traurig sein Versagen erkennt und dadurch in die Freundschaft zurückgeholt wird. Darin besteht der Prozess der Läuterung. Somit ist die Frage, *Liebst du mich?*, keine abgedroschene Frage, wie wir es manchmal im Alltag erleben. Sie ist alles entscheidend. Wissend um Gottes Liebe, darum, dass er mich annimmt, wie ich bin, kann ich ihm all das anvertrauen, wo ich in meinem Leben gefehlt habe und seiner Barmherzigkeit bedarf. Er wird es zum Guten richten, sodass ich mich ganz auf ihn ausrichten kann. Diese Reinigung kann ein schmerzhafter Prozess sein, der zu Herzen geht, wie es Simon in der Begegnung mit dem Auferstandenen erlebt. Er braucht weder einen „Mehrwert der Liebe" noch erneute Liebesbeweise vorzuweisen. Es genügt eine schlichte, aber ehrliche Antwort: „Herr, du weißt alles, du weißt auch, dass ich dich liebe!"

„Es ist leichter, Gott zu lieben, als an ihn zu glauben", so formulierte es die Benediktinerin. Zum letzten Gericht gehört aber ebenso, dass Gott sein Verschulden erklärt. In diesem Leben bleibt er uns eine Antwort auf die Frage nach dem „Warum" von Leid und Tod in der Welt schuldig. Ich denke an so viele Menschen, denen ich in der Seelsorge begegne, die an Gott und seinem Schweigen verzweifelt sind. Sie haben sich vom Gottesglauben verabschiedet und in den individuellen Fällen kann ich es auch verstehen. Da bleiben Fragen offen, wie diese: Warum musste mein Kind sterben? Warum ist diese schreckliche Katastrophe auf uns eingebrochen? Warum dieses qualvolle Leiden auf der ganzen Welt? …? Gott bleibt uns eine Antwort in diesem Leben schuldig. Unter diesem Gesichtspunkt können auch wir Gott die Frage stellen: *Liebst du mich?* Und ich denke, es lohnt sich, diese Frage ehrlich zu leben, ohne eine definitive Antwort zu haben. Mir hilft dabei eine Begebenheit, die Eli Wiesel überliefert hat: Er erzählt, wie er als Jugendlicher im KZ Zeuge wurde, wie eine Gruppe von Rabbinern über Gott zu Gericht saß. Sie diskutierten darüber, wie Gott nur die Grausamkeiten des Naziregimes, das schreckliche Leid und den Tod so vieler Juden zulassen konnte. Warum tut er das seinem erwählten Volk an? Nach längeren Beratungen kommen die Rabbiner zum Ergebnis: Gott ist schuldig. Stille und Schweigen herrscht, bis einer von ihnen sagt: „Und nun, meine Freunde, lasst uns gehen und beten."

Die Begebenheit berührt mich zutiefst. Trotz aller Sprachlosigkeit und Verzweiflung angesichts menschlichen Leids, trotz der Erfahrung, dass Gott uns in diesem Leben eine wesentliche Antwort schuldig bleibt und dadurch absolut in seinem Verhalten fragwürdig ist, lassen die Rabbiner nicht ab von ihm, sondern beten, d. h. sprechen mit ihm. „Es ist leichter, Gott zu lieben, als an ihn zu glauben." – Gott bleibt fragwürdig bis zur letzten Stunde unseres Lebens. Diese Fragwürdigkeit gilt es, im Blick auf unser Verschulden dankbar zu leben und im Blick auf seine Schuldigkeit im Schweigen auszuhalten. Das ist Ausdruck tiefster Kommunikation.

Meine Fragen als Gottesfragen selbstkritisch leben

Manchmal ergänze ich die Segensformel am Ende des Gottesdienstes, „Der Herr segne uns...", mit dem Zusatz: „... und alle, die uns am Herzen liegen!" Damit sind Verwandte, Freunde, Menschen, für die wir Verantwortung tragen, und all diejenigen, an die wir in diesem Moment denken, in den Segen Gottes miteinbezogen. Nach einem Gottesdienst kam einmal ein Mann auf mich zu und meinte: „Das ist ja ganz schön, aber was ist mit denen, die mir im Magen liegen?" Für den humorvollen Hinweis bin ich noch immer dankbar. Der Segen Gottes soll niemanden ausschließen auch nicht diejenigen, mit denen ich mich gerade schwer tue oder die mir auf die Nerven gehen. Neben denen, die mir am Herzen liegen, sind auch sie Gottes Kinder, um die er sich sorgt. Seine Liebe schließt niemanden aus. Das wird am Ende des Nachtrags des Johannesevangeliums nochmals ganz deutlich, wenn Jesus, auf eine Rückfrage des Petrus hin, auch uns eine abschließende provokante Frage mit auf den Weg gibt: „Was geht das dich an?" Schauen wir uns diese Stelle im Zusammenhang noch kurz an:

Petrus wandte sich um und sah den Jünger, den Jesus liebte, nachkommen, denselben, der auch bei dem Mahl an seiner Brust gelegen und gesagt hatte: Herr, wer ist der, der dich verrät? Als Petrus ihn sah, fragte er Jesus: Herr, was soll mit ihm werden? Jesus antwortete ihm: Wenn ich will, dass er am Leben bleibt, bis ich komme, was geht das dich an? Du aber folgst mir! Daher verbreitete sich unter den Brüdern die Ansicht: Jener Jünger stirbt nicht. Jesus aber hatte nicht zu ihm gesagt: Er wird nicht sterben, sondern: Wenn ich will, dass er am Leben bleibt, bis ich komme, was geht dich das an!

Das ist der Jünger, der über diese Dinge Zeugnis ablegt und dies geschrieben hat, und wir wissen, dass sein Zeugnis wahr ist. Es gibt aber auch noch vieles andere, was Jesus getan hat. Wollte man das alles im Einzelnen niederschreiben, so würde, wie ich glaube, selbst die ganze Welt die Bücher nicht fassen, die man dann schreiben müsste.

Joh 21,20–25

Am Ende des Johannesevangeliums begegnet uns nochmals der Jünger, den Jesus liebte. Er lag, wie es heißt, beim Abendmahl an der Brust Jesu. (Vgl. Joh 13,23) Wir könnten daher feststellen: Er lag Jesus besonders am Herzen. Zuvor wurde Simon Petrus durch die dreimalige Frage, *Liebst du mich?*, zu seiner Aufgabe zurückgeführt, Verantwortung für die Gemeinde zu übernehmen. Auch hatte Jesus ihn aufgefordert: „Folge mir nach!" Nun hakt Petrus nach und will wissen, was mit dem Lieblingsjünger geschehen wird. Ob Petrus diese Nachfrage aus Sorge stellt oder ob sie vielleicht von Neid und Eifersucht motiviert ist, lässt der Text offen. Jesus antwortet mit einer Gegenfrage: „Was geht das dich an?" Aufgabe des Petrus ist es nicht, über andere Jünger und deren Zukunft zu spekulieren. Er soll seine eigene Berufung ernst nehmen und sich um seinen Weg der Nachfolge kümmern. Für den Lieblingsjünger ist gesorgt: „Wenn ich will, dass er bleibt, bis ich komme ..." Die Aussage klingt rätselhaft; so auch die späteren Spekulationen darüber, dass dieser Jünger nicht sterben wird. Erneut geht es um das Bleiben, das Ausdruck einer herzlichen

Verbundenheit ist. Der Jünger, so lautet die Auflösung der rätselhaften Sätze, bleibt in seinem Buch, in seinem Zeugnis, in seiner Lebensgeschichte mit diesem Mann aus Nazaret, so wie es im Johannesevangelium niedergeschrieben wurde. Die Frage, *Was geht das dich an?*, ist somit Aufforderung, bei seiner eigenen Lebensgeschichte mit Jesus und ihren Fragen zu bleiben. Eigentlich könnte die Nachfrage Jesu Petrus dazu motivieren, sein eigenes Evangelium zu schreiben, aus seiner Perspektive die Frohe Botschaft zu verkünden und Zeugnis darüber abzulegen. Und was für Petrus gilt, das gilt für jeden von uns. Letztlich wird Petrus von Jesus erneut aufgefordert, seine Lebensfrage zu leben: *Liebst du mich?* Das ist seine bleibende Aufgabe, seine Berufung. Und noch etwas anderes wird dadurch deutlich: Neben dem Lieblingsjünger lag auch Petrus Jesus am Herzen – wenn er ihm vielleicht auch etwas auf die Nerven ging. Das ist tröstlich auch für uns. Mit unseren Lebensfragen sind wir von Jesus geliebt, so lautet die Botschaft am Ende des Johannesevangeliums. Dabei gilt es, bei dem zu bleiben, was uns angeht, und nicht neugierig oder gar eifersüchtig auf die andern zu schielen. Letztlich führt uns die Frage, *Was geht das dich an?*, zu den ersten Fragen zurück: Adam, wo bist du? Was suchst du?

Am Ende dieses Buches mag vielleicht mancher Leser kritisch feststellen, dass wesentliche Fragen seines Lebens nicht vorgekommen sind. Diese Kritik ist berechtigt, ging es ja bei den Fragen, die Jesus im Johannesevangelium stellt und denen wir uns gewidmet haben, nicht um eine systematische Aufarbeitung. „Es gibt aber auch noch vieles andere, was Jesus getan hat ...", heißt es zum Abschluss. Ich möchte dies ergänzen: Es gibt noch viele andere brennende Fragen, die das Leben an uns stellt und die uns mit der Fragwürdigkeit Gottes konfrontieren ... Der Dichterpfarrer Kurt Marti (1921–

2017) formulierte einmal in Bezug auf den bekannten Prolog des Johannesevangeliums sehr treffend: „Gott, so denkt man, so verkünden Eiferer lauthals, sei Antwort. Spröder sagt die Bibel, dass er Wort sei. Und wer weiß, vielleicht ist er meistens Frage: die Frage, die niemand sonst stellt."

Diese Offenheit ermutigt mich, meine persönlichen Fragen als Gottesfragen zu leben, manche Fragen ins Wort zu bringen, die sonst niemand formuliert, und sie auszuhalten. Welche Fragen gehen mich an? Worauf möchte ich brennend eine zündende Antwort finden? Damit ist jeder eingeladen, dieses Buch mit seinen je eigenen Fragen fortzuschreiben, mit all dem, was uns am Herzen, aber auch im Magen liegt, damit Gott in allem verherrlicht wird – *ut in omnibus glorificetur Deus* (RB 57,9).

Literatur

Die Regel des heiligen Benedikt, hg. im Auftrag der Salzburger Äbtekonferenz, Beuron ²2008.

Johannes Beutler, *Das Johannesevangelium. Kommentar*, Freiburg i. Br.: Herder ²2016.

Martin Buber, *Der Weg des Menschen*, in: ders., *Werke. Bd. III*, Gütersloh: Gütersloher Verlagshaus 2019.

Kurt Marti, *Zärtlichkeit und Schmerz. Notizen* (SL 337), Darmstadt/Neuwied: Luchterhand 1986.

Cees Nooteboom, *Rituale*, Frankfurt a. M.: Suhrkamp 1994.

Rainer Maria Rilke, *Briefe an einen jungen Dichter*, Zürich: Diogenes 1997.

Olaf Schwencke (Hg.): *Erinnerung als Gegenwart. Elie Wiesel in Loccum*, Evangelische Akademie Loccum, 1987.

Manès Sperber, *Die Wasserträger Gottes*, Frankfurt a. M.: Fischer, 1993.

Elie Wiesel, *Geschichten gegen die Melancholie. Die Weisheit der chassidischen Meister*, Freiburg i. Br.: Herder ³1987.

Elie Wiesel, *Die Nacht. Erinnerung und Zeugnis*, Neuausgabe, Freiburg i. Br.: Herder 2013.

Provokationen aus dem Markus-Evangelium

144 Seiten | Gebunden
mit Schutzumschlag
ISBN 978-3-451-38153-9

Mit seiner Exegese »Steht auf!« bietet Abt Johannes Eckert einen unkonventionellen Blick auf sechs namenlose Frauen der Bibel und ihre aufrüttelnde Botschaft für Heute. Zugleich ist das Buch ein leidenschaftliches Plädoyer für eine Kirche, die sich aus den Wurzeln des Evangeliums erneuern will: Erfrischend, überraschend und biblisch fundiert.

In jeder Buchhandlung!

HERDER www.herder.de

Der Zauber der Berge im Matthäus-Evangelium

144 Seiten | Broschur
ISBN 978-3-451-03192-2

Die Faszination der Berge ist ungebrochen. Erhebende Gipfelmomente bleiben im Gedächtnis. Abt Johannes Eckert geht diesen Höhepunkten nach. Er befragt alttestamentliche Propheten, die Predigt Jesu und seinen Ordensvater Benedikt nach ihren Gipfelbotschaften und erkennt: Die Erfahrungen von Mose, Elija und anderen können wir auch heute noch erleben. Sie helfen uns, innezuhalten und frische, klare Lebensluft einzuatmen.

In jeder Buchhandlung!

HERDER

www.herder.de

Kraft schöpfen aus dem Lukas-Evangelium

128 Seiten | Broschur
ISBN 978-3-451-03190-8

Sich von Vergangenem nicht bestimmen und von Zukünftigem nicht ängstigen zu lassen – diese Lebenskunst will Abt Johannes Eckert vermitteln. Dabei nimmt er das Lukas-Evangelium zum Leitfaden: An sechs herausragenden Stellen kommt bei Lukas das Signalwort »Heute« vor. So wird aus der Erzählung von vor 2000 Jahren ein hochaktuelles Geschehen, das die Leser zu Zeitgenossen Jesu macht. Benediktinische Glaubensorientierung – für Christen von heute!

In jeder Buchhandlung!

HERDER

www.herder.de